地震重建论稿

程才实 著

图书在版编目(CIP)数据

地震重建论稿 / 程才实著. —天津：天津大学出版社，2017.3

ISBN 978-7-5618-5793-9

Ⅰ.①地… Ⅱ.①程… Ⅲ.①地震灾害—灾区—重建—研究—中国 Ⅳ.①D632.5

中国版本图书馆CIP数据核字(2017)第058497号

出版发行 天津大学出版社
地　　址 天津市卫津路92号天津大学内(邮编:300072)
电　　话 发行部:022-27403647
网　　址 publish.tju.edu.cn
印　　刷 天津泰宇印务有限公司
经　　销 全国各地新华书店
开　　本 148mm×210mm
印　　张 9.5
字　　数 15.9千
版　　次 2017年3月第1版
印　　次 2017年3月第1次
定　　价 38.00元

目　　录

一

唐山为什么在瞬间毁灭
——基于城市建设本身影响因素的宏观分析 …………3
唐山重建的背景与条件
——从原地重建及时代政治、经济诸因素谈起 …………7
新唐山的“坐标”
——唐山重建选址是怎样确定的？ …………11
唐山重建的搬迁与安置问题 …………15
唐山重建的城市基础设施建设
——兼谈城市基础设施建设发展的路径 …………20
地震文化的积淀与留传
——简记唐山重建地震建筑文化 …………30

二

受灾城市重建优化对策
——以唐山地震重建工作为例 ······37
汶川重建思唐山
——唐山地震重建若干问题的回顾 ······50
唐山重建的经济效益分析
——少花钱、多办事的有益实践 ······61
唐山荣获联合国人居奖纪事 ······67
唐山重建结束后建筑业发展的思考
——简谈建筑企业如何实现转型升级问题 ······78

三

唐山大地震24周年祭
——从血的教训中汲取防震减灾的智慧与力量 ······87
面对灾害,我们应更清醒一些
——唐山大地震39周年一个建设工作者的片断思绪 ······96
回眸震后之简易城市
——那些“桥梁”承载了什么? ······107

要把我们的城市建在安全岛上
——关于城市与建筑选址的记述及启迪……120

四

废墟上走出的中国灾害社会学第一人
——记我国灾害社会学、地震社会学奠基人王子平……133
那一棵大树的阴凉
——再记中国灾害社会学、地震社会学奠基人王子平……169
愿化此身酬平安
——灾害社会学家王子平教授访谈录……184
他还在路上
——灾害社会学家王子平教授十年来的新思考……210
一个建筑师与一座纪念碑
——简记唐山抗震纪念碑设计者李拱辰……234

附录

评介文章……243
十年一记……278
重建著述（名录）……282

后记

刻在石头上的故事

——瞻仰唐山抗震纪念碑……291

唐山为什么在瞬间毁灭

——基于城市建设本身影响因素的宏观分析

公元1976年7月28日凌晨3点42分,在世界的东方,在古老的中国大地上,正在酣睡的唐山毁于一场无情的灾难:“地光闪射,地声轰鸣,房倒屋塌,地裂山崩,数秒之内,百年城市建设夷为墟土……此难使京津披创,全国震惊,盖有史以来为害最烈者(唐山抗震纪念碑碑文语)。”

这次地震共造成242 419人死亡,164 581人重伤。其中:唐山市市区震亡135 919人,重伤81 630人;7 218个家庭绝户,约15 000个家庭解体;2 652名16岁以下儿童成为孤儿,895名老人成为孤老。唐山市的地面建筑和各种设施几乎全部被摧毁,一般民用建筑震毁94%,工业建筑遭受不同程度的破坏,倒塌达90%,交通、供电、供水、通信全部中断。

权威人士认为,在20世纪人类所蒙受的自然灾害中只有日本关东大地震、孟加拉风暴潮灾、非洲大饥荒等惨况可与之相比。唐山地震造成如此灾难,除了地震震级大(里氏7.8级,极震区烈度为11度)外,城市建设本身不抗震是主要原因。

其一,不设防的城市经不起强烈地震的袭击。地震前,唐山市的绝大多数建筑物没有采取抗震设防措施。市区的民用建筑多为石砌或砖砌墙体的平房和多层砖混结构的楼房。由于历史的原因,震前唐山市个人建筑的住宅、厂矿企业修建的工房以及厂房、工业设施和其他构筑物都很少考虑抗震设防问题,20 世纪 60 年代后新建的楼房也只是按 6 度设防。

其二,城市建设布局和建设用地选择不合理。地震前,唐山市的道路过于狭窄弯曲,丁字路口多、交通不畅、易于堵塞。城市建筑物之间空地少,不便于地震发生时人口的迅速疏散,给震后救灾也带来极大困难。由于缺乏可靠的地震地质和工程地质资料,城市建设没有考虑场地条件,路南区基本建在一条活动断裂带的两侧和沙土液化地段,导致地震时建筑物损坏惨重,人员死亡率高达 27.6%,约为全市平均死亡率的 2 倍。

其三,住宅的建筑结构不合理,施工质量差。地震前,唐山市民房有 80% 是焦砟顶平房,屋顶过重(每平方米高达 400 千克),结构不合理:“四梁八柱”(以梁、柱承重,柱间用填充墙及门窗连接)、“硬山搁檩”(以横墙承重,梁、檩置于墙上)、砌体强度不足、整体性差;有 20% 多层砖混结构的楼房,采用钢筋混凝土短向空心板搭在砖砌承重横墙上，经不起地震时的晃动。震前唐山市建筑物所用建筑材料低劣、施工质量差，也是地震造成严重破坏的一个重要原因。地震时，路南区地面建筑几乎荡然无存，而原达谢庄小学一栋3层教学楼却未倒塌，主要得益于该教学楼的施工质量好。

其四，城市生命线工程脆弱。城市生命线工程系统是维护城市生产、生活的基础，一旦遭受严重破坏将造成极大的社会困难和损失。唐山地震前，由于医院、供水、供电、通信、消防、公交等城市生命线工程没有在抗震设防方面采取加强措施，导致其在强烈地震中丧失了功能。它们本身既是地震灾情的重要组成部分，也给震后短期内的急救工作带来极大不便，加剧了人员的伤亡。

其五，地震发生在城市，且震中区建筑密度和人口密度又很高。震前的唐山市由老市区（路南区、路北区）和东矿区（今古冶区）组成，建成区面积51.4平方千米，人口106万（其中城市人口70万）。地震就发生在这座具有百年历史、百万人口、千万平方米建筑，以生产能源、原材料为主的华北工业重镇，其宏观震中区又恰为建筑密度高达70%、人口密度为每平方千米1.54万人的路南区。这次地震中，唐山市全城基本处于10度和11度区。路北区有个新市区，昔日楼房林立，震后建筑物基本上都已趴架落地;路南区砖石结构平房基本倒平。整个唐山市区,各种设施的破坏都十分严重。

唐山大地震已经过去20多年了。在新唐山建设中,吸取了“7·28”地震的教训,进行了严格的地震区规划工作,各种建筑场地的位置选择在对抗震防灾有利的地段;严格按照国家规定的基本烈度设防,对生命线工程采取了加强措施;加强了结构抗震研究,正确选择结构形式;采取措施防止次生灾害发生等。新唐山以其震后重建的伟大成就荣获联合国颁发的“人居荣誉奖”。

世人将永远记住1976年唐山大地震的沉痛教训,我们将从新唐山崛起中获得有益的启示。

(原载陈章立主编《防震减灾经验教训录》,地震出版社,2000年4月版,副题为入选此书时所加)

唐山重建的背景与条件

——从原地重建及时代政治、经济诸因素谈起

自1976年7月唐山地震发生至1986年7月这十年,是唐山城市的重建时期。在党中央、国务院的亲切关怀和全国人民的大力支援下,唐山人民经过十年奋战,终于使一座崭新的城市屹立在冀东大地之上。

唐山十年重建是中外建筑史上罕见的浩大工程,与一般新建城市完全不同,它不是在一片空地上建设一座城市,而是以大片的废墟和数十万间简易房为"起点"和"基础"建造一座城市,或者说,它是一座拥有百万人口的"简易城市"的"原地再造"。其工作的浩繁与艰巨非常人所能想象,正因为如此,联合国副秘书长、人居中心执行主任阿考特·拉马昌德兰博士称唐山是"科学而热忱地解决住房、基础设施和服务设施的杰出典范"。

唐山重建所面临的社会经济条件具有一系列特点,是一般新城建设所不曾遇到过的。

一、在废墟上原地重建

唐山重建是在废墟上而不是在空地上。在废墟上重建一座拥有百万人口的城市,这是唐山重建时面临的最大现实难题,也是唐山重建的最基本特征。这意味着,要重建城市,首先就要安顿百万人的生活与工作,这是重建工作的前提。

所谓安顿,既包括解决吃和住的问题,又包括工作的安置问题。在最初的意义上,重建城市是为了重新构建人们的生活条件,而要进行城市的重建工作,又必须先行解决人们的基本生活条件问题,这便有一个明显的矛盾,即重建工作的目的和重建工作得以开展的条件互为前提。

重建是在原有的基础上进行而不是另辟新地。这"原有的基础"主要指:原有的地理、地域基础;原有的城市规模;原有的社会经济文化基础和历史上形成的各种关系;仍可利用的城市基础设施等。这种种原有的基础对于城市重建来说,既提供了某些有利条件,也造成了某些局限。

二、重建时间的紧迫性

唐山作为拥有百万人口的城市,其形成经历了百年的时间,是随着矿山的开发一步步形成和扩充起来的,无论城市建筑还是城市人口，均是如此。它表现为一个长达百年的量的形成和积累过程。重建虽然也是一个过程，但是这个过程的时间要集中得多：要在数年至多十年的时间里完成。这很难说是一个自然的过程，更多的是一个人为的过程。

三、处于特殊的历史时期

唐山城市重建是在一个特殊的历史时期进行的，所谓“特殊时期”，有以下几点值得注意。

首先，当时国家经济状况十分困难，国家生产力水平低；由于“文革”，中国国民经济已经到了“崩溃的边缘”。

其次，中国社会处于由封闭到开放的转型时期。1978—1979 年进行大规模恢复建设工作时，党的十一届三中全会刚刚开过，全国处于拨乱反正伊始；在 1983—1986 年我国第一个改革开放高潮全面到来之前，唐山恢复建设正处在紧张施工之中。唐山恢复建设处于我国政治、经济体制和社会观念剧烈变动的时期，这一历史特征给唐山的恢复建设打上了深深的烙印，带来了深刻的影响。

最后，当初尚未完全清除的极“左”政治思想路线以及高度集中统一的计划经济体制，为恢复建设造成了双重影响。一方面提供了某些有利条件，如有效而迅速地集中全国人力、物力，统一协调诸如产权等各方的利益关系等。另一方面也带来了某些局限和约束，这主要包括：片面强调“自力更生”，拒绝外援；在城市建筑的规模、水平、功能划分、建筑风格等方面，难以发挥地方的主动性、积极性和创造性。

同时，唐山重建是在世界走向缓和而尚未实现缓和的国际形势下进行的。20 世纪 70 年代末至 80 年代初，美苏的霸权地位依然存在，冷战尚未完全结束，就我国自身而言，刚刚结束了孤立、封闭状态，对外交往还没有充分展开，与一些国家和地区的对立也还存在。

上述种种社会、经济条件在一系列问题上制约着唐山城市的重建工作。唐山城市的重建工作依据当时的条件和需要，对上述问题作出了自己的回答。这些做法中，有一些是适应当时的历史条件而采取的，未必具有广泛的或者说普遍的意义，但是在当时却也取得了成效；有一些不仅取得了成效，而且其所提供的方法具有普遍的意义。

（原载王子平、孙东富主编《地震文化与社会发展——新唐山崛起给人们的启示》，地震出版社，1996 年 7 月第 1 版。此文为第十一章“唐山城市十年重建面面观”中“十年重建的背景与条件”内容，合作者陈非比）

新唐山的“坐标”

——唐山重建选址是怎样确定的?

一场毁灭性的大地震过后,这座城市的恢复是在原地还是在异地呢?制定重建规划时,首先要考虑这一问题,这是城市建设历史性的重大抉择。

1976年7月28日发生的大地震使冀东工业重镇唐山毁于一旦。新唐山建设的选址,一开始曾有两种截然不同的设想:一种是将原有的城市放弃,异地进行建设;另一种是立足于原有城市,在原地进行建设。

放弃唐山,异地建设,就是把原来市内的企事业单位全部迁出去,划归原唐山地区所属各县分别进行建设。这种设想主要考虑:唐山市区地下有活动断裂带,存在引发大地震的危险性;这次大地震给唐山造成的破坏极其严重;就地重建清墟和搬迁费工费时;把企事业单位分散到各县可以武装和发展各县的经济。

立足唐山,原地建设,就是保留原来市内的企事业单位,以唐山市区为基础进行规划和建设。这种设想主要考虑:唐山是我国近代经济发展的产物并为世界所知,原地重建对于保持唐山的历史特色、促进唐山现代经济发展具有特殊的意义。地震毁灭的是一个具有百年历史的唐山,是一个曾诞生过我国第一台蒸汽机车、生产过我国第一袋水泥的唐山。唐山大地震前,虽然唐山市的面积约占全国的万分之一、人口约占全国的千分之一,而产值却约占全国的百分之一。

地震毁灭的是一个在城市规划、建设上存在许多不合理状况的唐山。震前,整个城市在开滦矿井周围及京山铁路两侧发展,横穿市区的陡河两岸全部被工厂占用,许多房屋建筑压在煤田的上面;工厂和住宅混杂交错,功能分区混乱,环境污染严重;铁路分割城市;缺少公园和绿地,城市绿化水平低。从某种意义上说,旧唐山被大地震摧毁后,在客观上为人们建设新唐山提供了一次极好的机会。所谓一张白纸没有负担,好写最新最美的文字,好绘最新最美的图画,也就是说,可以按照现代社会发展的要求,建设一座社会主义的新型城市。

经过权衡利弊,立足唐山、原地建设的决策得以通过。按照震后情形重新规划建设的新唐山,功能分区明确,布局比较合理。新唐山改变了震前功能分区混乱、工厂和住宅混杂交错的不合理现象。大城山位于陡河西岸、城市的中心,利用这个自然条件,陡河以东为钢铁、陶瓷工业区,以北为机械工业区，以西为生活区，大城山作为天然的隔离地带。在市区西部生活区的边缘，安排了无害化工业区，有轻工、食品等小工业。市中心位于西部生活区的几何中心，靠近城市主干道——新华道和建设路，安排了行政中心和商业中心，相对集中、闹静分开，形成各自完整的建筑群。生活区安排在市中心和工业区附近，便于职工就近上下班。

为了在重建中扬长避短，新唐山的“坐标”确定之后，还做了大量其他相关工作，如原路南区地质条件极其复杂，并有一条活动断裂带，对城市建设极为不利，为此将原来地处活动断裂带附近的唐山机车车辆厂，地处沙土液化区的唐山齿轮厂、轻机厂等大型工厂搬出路南区，在工程地质、地震地质、水文地质、自然经济地理、交通等方面条件都比较好的新区（震后重建中在丰润县城关东部开辟的一个区）安排建设。选择了一些地质条件相对好些的地段，适当安排了部分二至三层住宅和商业网点。鉴于就地重建清墟、搬迁费工费时，为加强领导、落实各项有力措施，市委、市政府授权市建设指挥部颁布了《限期拆除迁入新居居民简易房》等四道命令，确保工作的顺利进行。在震后重建中，对就地恢复的厂矿和各单位的房屋做了全面检查、测量、鉴定，根据震损情况采取不同措施进行加固，尽量利用了原有的市政工程和公用设施。

震前的唐山市，由老市区（路南、路北）和东矿区组成，辖4个行政区（路南、路北、东矿、开平）。震后重建的新唐山，由老市区、东矿区和新区组成，各相距25千米左右，呈三大片格局，辖5个行政区——比震前多了一个新区。最近，唐山市的区划又发生了新的变化。

（原载2002年第2期《防灾博览》）

唐山重建的搬迁与安置问题

清运废墟与搬迁倒面是唐山重建中的重大难题，也是大规模重建的必要前提，其中存在大量实际问题和思想问题，各种矛盾突出并交织在一起。

然而，这一切困难毕竟是发生在社会主义公有制占主导地位的中国。通过加强领导和协调，加强宣传教育和思想政治工作，教育广大干部群众识大体、顾大局，正确处理局部与整体、当前与长远、个人和集体与国家利益的关系，并辅之以正确的政策措施，顺利地克服了重建过程中的种种困难，为大规模重建顺利展开创造了有利条件。

唐山市的居民住房，无论震前还是震后，大体上都是分为两大块：一是市统建并由市管的部分，分配给市直机关、事业和市属企业的干部与职工居住；二是由中央以及省属企业事业单位营建并管理的住房，分配给这些单位的职工居住。这是两个大的系统，其间很少也很难作出余缺调剂。

地震后的简易房并未能限制在原来的地基上建筑。这样一来，施工中就出现了复杂的情况。

一个地段要施工，需要清墟，而地段上却居住着不同系统、不同单位的职工。依照施工的需要，这些住户要同时搬迁，可不同单位建房进度又不可能一致，难以保证这一地段上的住户同时搬迁。

再者，在同一地段上居住简易房的居民，以其身份而言，又有着职工户、农民户之别，这不同身份的住户所居住的房屋，有的是私人所有，有的则属于公房，这就进一步增加了搬迁的复杂性。如24号小区的兴建就涉及不同所有制的单位80多个，有中央直属单位和地方所属单位，身份有部队也有农民，产权有全民、集体和个人，其中还涉及400多户的“农转非”问题。

其次是搬往何处的问题：是市区还是市郊，是中心地区还是偏远地区，是本单位职工集中地区还是与其他单位职工杂居地区等。

再次是新房的建筑质量、居住条件和环境如何。

此外，能否分户也是许多人家搬迁中的一大问题。原来几代同堂、拥挤不堪，许多人家自然希望在搬家时能够分开居住，因此能否分户就成为搬迁的一个前提条件。

还有其他意想不到的问题。个别人提出了过高的要求，出现了“三不搬”（房子分少了、分远了、分高了不搬）、“五不拆”(分房子少了、远了、高了、条件差了以及简易房折价低了不拆)等现象。

总之,搬迁涉及产权、居住地、居住条件与环境等问题,其复杂程度可想而知。

但是,为了保证施工进度,搬迁时间不允许拖后。于是,相应的组织机构与典章制度应运而生。

一、建立了专门机构,切实加强对搬迁工作的领导

市建设指挥部内成立了市搬迁办公室,除继续组织清墟工作外,主要是担负起市民搬迁倒面和新房分配的任务。全市有搬迁任务的单位也都配备和充实了搬迁工作的专管人员,建立了相应机构。

同时,把一部分工作下放给各区和厂矿企业,各单位根据市下达的任务,层层建立搬迁责任制,充分发挥各级组织的作用。

二、在加强宣传教育的基础上,采取强有力的行政措施,保证搬迁工作的顺利完成

针对搬迁中的问题,市委和市政府授权市建设指挥部,发布了《限期拆除迁入新居居民简易房》《限期清理空闲简易房》《限期完成1984年第二批搬迁计划》《拆除已搬迁单位简

易房和一律禁止新建简易房》四道命令，这就使搬迁工作有了依据，保证了搬迁工作的进行。

同时，建立制度，纠正搬迁中的不正之风，如中共唐山市委纪律检查委员会制定并公布了《关于党员干部在搬迁、住房中若干纪律规定》，在群众中产生了良好的影响。

三、领导机关带头，动员全市各行各业主动为搬迁服务

领导机关把占用的民用住宅让出来，紧缩办公用房，全力支持搬迁。市公安局交通大队在搬迁进行时间和进行地段，对搬迁车辆优先放行。市司法局公证处针对一些搬迁户由于房产产权得不到确认而不能及时搬迁的问题，深入到街道和厂矿就地办公，先后为 1 600 多户出具了产权证明，并查出虚报房屋 500 多间。

四、对于搬迁中遇到的房产产权和经济利益问题也制定了相应规定

自 1979 年以来，中共唐山市委、市革委会连续颁布了《关于震后恢复建设用地拆除私房作价和补偿规定》《关于拆

除私房作价和补偿规定的几点补充意见》《唐山市恢复建设临时搬迁倒面若干问题的规定》等一系列政策规定。

1982 年唐山市人民政府成立后，对原有政策规定作了修改补充，颁布了《唐山市恢复建设时期搬迁倒面若干问题的规定》，同年还以市清墟搬迁指挥部的名义颁布了《关于搬迁中的几项具体规定》，以市建设指挥部的名义发布了《关于投靠亲友临时搬迁补助的具体执行意见》等。

这一系列文件针对调节搬迁拆房、建设用地等方面涉及的经济利益等问题，作出了当时条件下所允许的规定。在解决有关经济利益的同时，对于户口管理也作出了相应规定。对于那些不顾全局、无视政府规定、没有正当理由而又拒绝搬迁的，对于那些无理取闹以及借机敲诈政府并经教育仍不悔改的，实行强行拆迁。

通过上述种种措施，基本上做到了边建、边倒、边迁、边建，保障了建设施工的顺利进行。

（原载王子平、孙东富主编《地震文化与社会发展——新唐山崛起给人们的启示》，地震出版社，1996 年 7 月第 1 版。此文为第十一章“唐山城市十年重建面面观”中“搬迁与安置中观念的碰撞”内容，合作者陈非比。略有改动）

唐山重建的城市基础设施建设

——兼谈城市基础设施建设发展的路径

开展唐山震后城市基础设施建设问题研究，对于认识城市基础设施在城市发展中的地位和作用，合理确定基础设施建设在整个城市建设中的比例，探索城市基础设施建设的优化方式，都是有益的。

一、城市基础设施的建设成就及其效益

地震前的唐山，城市建设欠账很多，各项基础设施极不完善，如城市道路狭窄弯曲，铁路分割城市，缺少绿地，供水、供电、通信设施差，环境污染严重，建筑物基本没有抗震设防等。

1976年7月28日大地震，使唐山市的城市基础设施遭到毁灭性破坏。经过10年大规模的恢复建设和近几年的完善建设，城市基础设施从少到多、从无到有，发生了很大的变化。

（一）能源

唐山拥有目前全国最大的总厂级发电企业——唐山发电

总厂。城市供电采用环路多电源供电方式,已形成布局合理、成龙配套的电力网,大大提高了供电的可靠性。

焦炉煤气气源厂2座,焦炉煤气用户达13万户,矿井气用户1.6万户,液化石油气用户4.1万户。“三气”总用户达18.7万户,居河北省首位。城市气化率为65.98%。

热源厂5座,供热面积770万平方米,居河北省首位,在全国各大中城市名列前茅。供热普及率为28.92%。

(二)水资源及给排水

唐山拥有地下水配水厂9座,地面水净水厂1座,日综合产水64.8万吨,年供水总量1.9亿吨。

给水管线789千米,排水管线(雨水、污水)651千米,市区主要地段实现了雨污分流。日处理3.6万吨的污水处理厂1座,污水处理率为15%。

(三)交通

唐山拥有城市道路569千米,道路铺装面积533万平方米,公交营运车辆453标准台,万人拥有公交营运车辆4.62标准台。

(四)邮电通信

唐山市区拥有6个电话分局,已连成一个自动拨号网。集资引进的1.2万门市话及500路端长话程控交换机投入使用，每百人拥有电话1.03部。

长途电话已进入国际自动电话网，客户可直拨国内各地和世界上156个国家、地区的长途电话。电报、邮件传递日趋现代化。

（五）环境

唐山拥有垃圾填埋场2座，公厕3 505座，年清运生活垃圾60万吨，垃圾清运全部实现了机械化，年清运粪便10.5万吨。

拥有园林绿地总面积1 713公顷，城市绿化覆盖率达16.45%，人均公共绿地面积2.13平方米。通过加强各项环境保护设施建设，市区局部环境质量有了明显改善。

（六）防灾

房屋建筑按抗震8度设防，生命线工程也提高了设防标准。城市防洪堤长43千米，陡河水库已达到防御可能最大洪水水平，校核防洪标准达到万年一遇洪水的1.14倍。

城市基础设施的不断完善和发展，为加快唐山对外开放步伐、振兴唐山经济和改善人民生活条件奠定了基础，取得了良好的经济效益、社会效益和环境效益。其主要表现在如下方面。

一是服务城市生产。据测算，唐山市自来水产量的49%

用于工业生产；公共交通总客运量中，接送职工上下班的占51%；排放的废水中，工业废水占87.5%；道路和桥梁上行驶的车辆，约有70%是生产用车。唐山市已向工业用户供应蒸气和煤气。

京山公路是京津通往东北地的重要公路干线，昼夜通过机动车平均达5 800多辆次。卑家店京山铁路、公路立交桥建成通车，年产生直接经济效益2 338.92万元（尚未包括因停车造成的车辆及道路损失、油料消耗等）。

二是方便城市生活。如由于多数居民使用了煤气，大大减轻了职工家务劳动的负担。使用煤气后按每户每天节约2个小时计算，则每户每年可节约700多个小时，相当于90个劳动日。

唐山现有18.7万户居民用上了煤气（矿井气、液化石油气），每年共可节约1 683万个劳动日。这些时间用到工作、学习或文娱活动上，所创造的物质财富和精神文明财富是远不能用数字来衡量的。

同时，由于改变了城市的燃料结构，有效地减少了二氧化碳、粉尘以及其他有害物质的排放。

三是保障城市安全。防洪、防震、排水等设施担负着保障城市安全的任务。由于震后重建采取了各种抗震措施，今日唐山已成为全国“最坚固”的城市。

二、震后唐山市城市基础设施建设的特点

没有比较配套的城市基础设施建设，就没有今天的新唐山。回顾唐山城市建设的历程，在城市基础设施建设方面，可以归纳为以下几个特点。

（一）城市基础设施建设投资在唐山重建总投资中占了一定的比例

据匡算，震后用于市政、公用、园林、邮电、供电等基础设施的投资占重建总投资的比例为 14.93%。

作为震后重建的重要组成部分，城市基础设施建设基本坚持了与住宅及其他建设统一规划、同步实施的原则。整个重建过程中，各项基础设施在规划设计、资金安排、材料供应、搬迁倒面、工程施工等方面予以保证，为其建设的顺利进行创造了条件。

（二）实行综合开发，保证城市基础设施建设健康发展

在唐山重建中，采取了统一投资、统一规划、统一设计、统一施工、统一分配和统一管理的“六统一”组织方式，这与分散建设方式相比，有利于城市基础设施的配套建设。

唐山重建接近尾声的 1985 年，成立了城市建设综合开发

机构,迈出了综合开发的步伐。市政府把"统一规划、合理布局、综合开发、配套建设"作为城市建设的一项重要原则,综合开发使基础设施配套建设有了保证。

(三)进行了国家重点工程建设与城市基础设施建设"一箭双雕"的尝试

如规模浩大的引滦入唐市区供水工程,就是采取这一方式进行建设的。唐山是全国43个严重缺水的城市之一,1986年8月,市政府决定从1987年开始,集中必要的人力、物力、财力,用3年时间建设引滦入唐市区供水工程。

该工程是唐山市城市建设史上最大的基础设施建设项目,一期工程于1989年年底基本竣工,全部投产达到23万吨/日的设计能力。为了合理利用水资源和节省建设资金,将解决城市供水同解决国家重点建设项目——唐钢扩建高炉生产用水进行统一建设,有效地克服了重点工程建设中的诸多困难,节约了建设用地,避免了重复建设,节省建设资金800多万元。

(四)坚持"人民城市人民建、公用事业大家办"的方针,加快城市基础设施建设步伐

引滦入唐市区供水工程的建设资金就是由市财政和唐钢共同筹集解决的,并先后出动机关、学校、厂矿、部队7万多人次，车辆及各种施工机械 130 多台（辆）参加义务劳动。

已经建成的卑家店京山铁路、公路立交桥，就是采用“贷款建桥、过桥收费、收费还贷”办法建设的。建华东道、学警路、六中路等一批道路工程，都是采取集资的办法修建的。

三、城市基础设施建设存在问题及发展对策

（一）存在问题

1. 市政公用设施不足

城市的外环路尚未形成，过境车辆穿行市区，严重影响城市交通。城市道路尚未形成网络，供水尚未形成环状，排水尚未形成系统，污水处理水平低（污水处理率只有 15%）。

引滦入唐市区供水一期工程完成后，城市供水紧张的状况尚不能彻底改变。城市居民对“两气”（暖气、煤气）供应的期望值很高，供需矛盾十分突出。

2. 建设投资比例偏小

在震后重建中，由于集中使用资金确保住宅建设，不得不停建、缓建部分城市基础设施项目，14.93% 的投资比例偏小。

另据匡算，使唐山市的基础设施建设达到相对完善配套的要求，尚需资金约 3 亿元（由此可以推算出，城市基础设施建设占城市建设总投资的比例应以 20% 左右为宜）。

3. 价格与价值相背离

公交、供热、供气等的服务价格均低于成本，处于倒挂状态。1988 年，市财政对这 3 家的补贴即达 1 091 万元，由于价格背离价值，打乱了公用事业的正常经营管理，发展后劲严重不足。

（二）发展对策

城市基础设施是城市生产和人民生活必不可少的物质基础，在国民经济和社会发展中有极为重要的地位和作用。没有城市基础设施，就无所谓“城市”；没有现代化的城市基础设施，就无所谓“现代化城市”。

笔者认为，解决目前城市基础设施建设中存在的问题，加快城市基础设施建设步伐，进而促进整个城市的建设和发展，应重点考虑以下几个方面的问题。

1. 城市基础设施概念规范化

“城市基础设施”的概念，目前尚无完全统一的定论。由于学术界众说纷纭，统计报表中又没有统一的规定，且这些设施分属于城建、邮电、供电、公安等部门管理，导致实际工作中计算口径不一，特别是在计算其占城市建设总投资的比例时，“分子”往往并不准确。

综合目前我国比较一致的观点，城市基础设施包括的主要内容有：

（1）城市能源设施，包括电力、热力、煤气、天然气、液化石油气等；

（2）城市水资源及给水、排水设施；

（3）城市交通设施，包括道路、桥梁、公共交通等；

（4）城市邮电、通信设施；

（5）城市环境设施，包括环境卫生、园林绿化、环境保护等；

（6）城市防灾设施，包括防火、防洪、防震等。

当然，仅仅作这样轮廓性的描述是不够的，有关部门应对每一大类项目作出明确、具体的规定，使计算城市基础设施建设投资占城市建设总投资比例的"分子"成为一个精确数值。

2. 城市基础设施建设资金社会化

目前，影响城市基础设施建设的因素很多，一些群众呼声很高、亟待解决的问题迟迟得不到落实。在诸多因素中，实质性的原因还是建设资金不足。因此，除了认真收好、用好、管好现有的城建资金，还要继续大力提倡"人民城市人民建、公用事业大家办"的方针，走城市基础设施建设社会化的道路。

要调动一切积极因素，通过多种渠道、采取多种方式筹集建设资金。在这方面，不应停留在口号和一般性的倡导上，应制定明确、具体的政策并通过人大立法，以便在开展工作时有法可依。一些城市基础设施可实行商品化经营，按照价值规律的基本要求，城市基础设施实行有偿使用。

3. 城市基础设施建设一体化

改革现行的城市基础设施建设投资管理体制，充分发挥地方政府规划、建设和管理城市的职能作用。国家和省进行重点工程建设时，将市政配套设施及生活服务设施交由城市政府统筹安排，确保城市基础设施建设有计划、按比例地协调发展。

4. 基础设施管理法制化

城市基础设施管理是整个城市管理的重要组成部分，由于服务对象的公共性，其在协调实际工作诸多关系的过程中，除了运用必要的行政手段和经济手段，还必须运用法律手段进行管理，确保各项基础设施的正常运转，更好地为整个城市提供社会化服务。

（原载 1989 年第 5 期《基建优化》，题为《唐山市城市基础设施建设综合分析及有关问题的建议》）

地震文化的积淀与留传

——简记唐山重建地震建筑文化

建筑是时代的真实记录。从1976年那场大灾难中走过来的唐山城市建筑也必然积淀着那个特殊年代的文化印记。唐山人永远不会忘记那场天灾，永远不会忘记在那场天灾中逝去的亲人，也永远不会忘记在那场气壮山河的抗灾斗争中党和国家的关怀、全国人民的无私援助以及为抢险救灾而献身的英烈。

为了告慰地震中不幸遇难的亲人，悼念救灾中捐躯的英雄，牢记全国人民的深情厚谊，发扬团结战斗的抗震精神，新唐山的建设者有目的、有计划地将地震文化成果物化在城市建筑群体中，这就是地震纪念建筑。它们是地震文化的积淀，是唐山抗震精神的象征。通过它们，今人及后人不忘唐山；通过它们，唐山抗震精神永远留传。

一、庄严肃穆的唐山抗震纪念碑广场

唐山抗震纪念碑广场是唐山市中最主要、最有代表性也

是最雄伟的地震纪念建筑。它位于唐山市的心脏、新华道南侧，广场东西长 320 米，南北宽 170 米，占地 5.44 万平方米。

广场中央矗立着唐山抗震纪念碑。抗震纪念碑包括主碑和副碑。主碑高 30 米，碑身由四个独立的梯形变截面钢筋混凝土擎天柱组成，外贴浅灰色花岗岩板，既象征着地震造成的房屋建筑开裂，又象征着新唐山各种建筑物拔地而起；碑的上部犹如四只伸向天际的巨手，充分表现了来自全国四面八方的支援。高耸入云的纪念碑体现着唐山人民战胜自然灾害的英雄气概和人定胜天的精神。

在碑身高 8.5 米处，镶有一块长 3.86 米、宽 1.6 米的不锈钢匾额，上刻“唐山抗震纪念碑”几个大字，由胡耀邦同志亲题。碑身下部四周装有反映地震灾害、抗震救灾、恢复建设和新唐山风貌的 8 块浮雕。碑座四面台阶均为 4 段，每段 7 级，共 28 级，意为“7·28”。

副碑位于主碑北侧 33.5 米处，采用废墟造型，碑宽 9.5 米、高 2.96 米，用花岗岩石块砌成，上面镌刻着碑文，记载了唐山地震的灾情和唐山人民在人民解放军、全国各族人民的支援下抗震救灾的光辉业绩。

广场西侧坐落着唐山地震展览馆，经改建后其建筑面积将由原来的 1 488 平方米增加到 2 200 平方米，展线达 380

米。馆内陈列有大量的地震照片、图书及其他资料，是教育人民、普及地震知识、研究地震灾害的重要场所。

此外，古冶福山公园内也有一座长柱形的地震纪念碑，宽1米，高9米，基台长7米，6步台阶，寓意“1976”。陡河电站、卑家店等地，也建有地震纪念碑。

二、地震遗址

为对子孙后代进行教育，为给广大科学工作者提供考察、研究的现场，为向中外游人提供参观、游览之地，唐山市在制定震后重建规划时保留了7处有代表性的地震遗址。

（一）有关地震断层情况的3处地震遗址

一处是唐山原第十中学院内的一块广场，地震中发生房基、小路、树行、地下排水管错位。

一处是吉祥路一段树行在震时被一条走向为北东8°的地震缝错开，水平错距1.53米，垂直错距0.7米。

一处是唐山生产资料公司院内一块场地，震时房基、树行发生错动。

（二）作为研究建筑物破坏情况的2处地震遗址

一处是河北理工学院（原河北矿冶学院）图书馆楼。该楼于1975年建成，尚未使用即被震毁。建筑面积4 049平方米，是一座工字楼，分阅览室和书库两部分，因为倒塌情况复杂而被保留。

一处是唐山机车车辆厂铸钢车间，震时全部倒塌，现保留了其中有代表性的部分，如烟囱、电杆、厂房等。

（三）在地震中受损较轻、对研究抗震问题有价值的 2 处建筑物

一处是唐山钢铁公司俱乐部。地震后基本完好，仍在使用。该俱乐部建于 1954 年，建筑面积 1 850 平方米，东西长 48 米，南北宽 25 米，檐高 11 米；地基为轻亚黏土；建筑结构为内浇钢筋混凝土柱及三道圈梁、砖墙、木质轻屋顶。该俱乐部地处烈度 11 度区边缘，只受轻微破坏。

一处是唐山陶瓷公司办公楼，地震后建筑基本完好，现已改作他用。该楼建于 1951 年，建筑面积 700 平方米，南北长 26 米，东西宽 16 米，高 7.8 米；地基为亚黏土；建筑结构为条形粗料石基础，粗料石、焦灰砌墙，每层有两道钢筋混凝土圈梁，楼板为现浇钢筋混凝土结构。地震时处于烈度 11 度区边缘。

以上 7 处地震遗址已经国务院批准，由唐山市政府立碑作永久保存，成为地震历史文物。

三、城市雕塑小品

新唐山的一些花园绿地或重要建筑物旁，点缀着风格各异的城市雕塑小品，它们既与周围环境浑然一体，又共同构成了装点新唐山的寓意深刻的建筑景观。

位于大钊公园的一尊大钊雕像，突出了李大钊同志宽阔的肩膀，表现了他那“铁肩担道义”的胸怀与气概，前来瞻仰的人们无不肃然起敬。

凤凰山公园西南角正门外，那一座洁白的凤凰雕塑栩栩如生，展翅欲飞，以烈火中再生的凤凰象征着经历了地震劫难的唐山获得新生。

还有或闲适、或活泼、或安详的“母与子”“群鹿”等造型，表现了唐山人对生活的追求和热爱。从历史到未来，这些雕塑作品的身上折射出了新唐山的生命之光。

（原载王子平、孙东富主编《地震文化与社会发展——新唐山崛起给人们的启示》，地震出版社，1996年7月第1版。此文为第十二章“新唐山城市建设的文化审视”中“地震文化的积淀与留传”内容，合作者陈非比）

二

受灾城市重建优化对策

——以唐山地震重建工作为例

一、地震灾害

灾害(包括自然灾害和人为灾害),是指那些造成人员伤亡和经济损失的自然或社会事件。自然灾害主要有地震、火山喷发、泥石流、台风、洪涝、旱灾、山崩、海啸等。

随着经济社会的发展,自然灾害给人类造成的损失也日益严重。据资料介绍,世界各地死于自然灾害的人数,20世纪70年代为40万人,80年代达98万人。全世界因自然灾害造成的直接、间接经济损失,每年达1 000亿美元左右,占当年国民经济总产值的10%左右。

1987年第42届联合国大会通过决议,决定把20世纪最后10年(1990—2000年)定为“国际减轻自然灾害10年”。可以预见,90年代将成为具有划时代意义的10年。从某种意义上说,探求灾后城市重建优化对策,成功地搞好受灾城市重建工作,既是一个建设问题,也是减轻自然灾害的重要手段。

大自然给人类带来的各种灾害不断地威胁着人类的繁衍生息和社会发展。地震是地球上较为普遍的一种自然灾害。当代科学家认为,只要地球存在一天,就存在发生地震的危险性。因此,防震减灾的脚步一时一刻也不能停歇。

1976年7月28日凌晨3点42分,河北唐山—丰南一带发生7.8级毁灭性大地震,唐山这座具有百年历史、百万人口、工业总产值占全国近1%、千万平方米建筑,以生产能源、原材料为主的华北著名重工业城市,瞬间被夷为一片废墟。

这场地震的中心在北纬39°38″,东经118°11″,震中烈度11度。地震有感范围东达国界以外,西至内蒙古磴口、宁夏吴忠,南至安徽蚌埠、江苏清江,北至黑龙江的哈尔滨市。地震所释放的地震波能量约为3.2×10^{23}尔格,相当于1945年美国在日本广岛投下的原子弹能量的400倍,整个震区共死亡242 419人,重伤164 581人。

其中,唐山市区震亡135 919人,重伤81 630人;7 218个家庭绝户,约15 000个家庭解体;2 652名16岁以下的儿童成为孤儿,895名老人成为孤老;1 814人成为截瘫者。市区一般民用建筑震毁94%,工业建筑倒塌和遭受不同程度破坏的达90%。市政公用设施遭到严重破坏,供水、供电、通信和交通全部中断,直接经济损失达30亿元。

二、重建成就

唐山地震是近代地震中死亡人数最多、破坏最严重的一次，也是近代一次重要的历史事件。震后，在党中央、国务院，河北省委、省政府的关怀下，在全国各地和人民解放军的大力支援下，唐山人民奋力抗震救灾，恢复生产，重建家园。到1986年地震10周年时，一座功能分区明确、布局比较合理、市政建设比较配套、生产生活比较方便、环境比较优美的新型城市，重新屹立在地球之上。

唐山曾因罕见的大地震震惊世界，又因震后重建的巨大成就令世人瞩目。1990年世界住房日（10月1日）前夕，唐山市人民政府被联合国评为“为人类住区的发展作出贡献的组织”，荣获联合国“人居荣誉奖”，这是我国第一个获得如此殊荣的城市。在“国际减轻自然灾害10年”活动开始之际，认真分析和研究唐山震后重建工作，可以从中得到许多有益的启示。

1988年2月，法兰西共和国公安消防代表团雷诺·格拉夫和玛尼曾留言：“为受难者而建的纪念馆，对苦难的回顾总是扣人心弦的；但是，以更快的速度、更大的规模、更高的水平重建家园的勇气更感人肺腑。”联合国副秘书长、人居中心执行主任阿考特·拉马昌德兰博士在宣布1990年联合国人居奖获得者名单时则指出："中国的唐山市政府也以其重建唐山市的大规模重建方案荣获一项人居奖，……这是如何科学而热忱地解决住房、基础设施和服务设施的杰出的典范。"

新唐山的崛起，是唐山人民防灾、抗灾、治理地震灾害的结果，是唐山人民在世界东方创造的奇迹。就人类与大自然的关系而言，新唐山属于全人类，她为人类进行灾后城市重建工作提供了一个不可多得的"参照物"。1990年10月23日新华社石家庄消息："14年前，唐山大地震震惊了整个世界；14年后，唐山地震遗迹依然吸引着中外游人。到目前为止，共有100多个国家和地区的60余万游人、学者、外交官来此游览参观。"

现结合唐山震后重建实际，试提出受灾城市重建的优化对策。优化受灾城市重建，应着重体现在重建规划、施工组织、防灾措施、指挥领导诸方面，这些方面的优化，是受灾城市优化重建工作的主体。其中，规划是龙头，施工是关键，防灾是根本，指挥是保证。

纵观历史，人类总是在总结前人或自己过去经验的基础上前进的。唐山重建的伟大实践，无论是其经验还是教训，都将有益于今人与后人。自然，它也具有重要的世界意义。

三、重建启示

(一)优化重建规划

城市是一个有机整体,城市建设是一项复杂的系统工程。为了使城市中各种高度聚集的物质要素既按其自身的需要布局,又彼此同步协调发展,必须对城市的各项建设进行综合部署,全面规划。任何城市的建设和健康发展都离不开科学的城市规划。灾后重建规划更是具有特殊的重要意义。优化重建规划是灾后重建的首要工作。

重建规划优化的两个主要标志,一个是及时,一个是科学。灾后重建速度的快慢直接关系到生产发展和灾民生活改善,事关社会安定的大局。而规划编制的速度,则直接影响重建的速度。1906 年 4 月 28 日,美国旧金山被大地震摧毁, 30 年后才逐渐恢复生机; 1923 年 9 月 1 日,日本关东地区发生大地震,经过 20 年,东京、横滨两市才得以恢复。而唐山,大地震过后 10 年,重建工作就已基本完成,这除了与社会制度等有关,与重建规划亦有很大的关系。

唐山震后重建,首先抓的是城市总体规划。1976 年 8 月,原国家建委即组织上海、沈阳、北京等地和河北省各市的规划人员奔赴唐山,帮助编制重建总体规划。当年 10 月底,就提出了总体规划方案。1977年5月14日，党中央、国务院原则批准了《河北省唐山市城市总体规划》。

只有科学的城市规划，才能指导城市的科学建设。完全可以说，没有一个科学的重建规划，就没有今天的新唐山。对于一个遭受巨灾的城市而言，在较短时间内拿出较为科学的总体规划并非易事。为了使重建规划既贯彻"控制大城市规模，合理发展中等城市和小城市"的方针，又符合唐山实际，使新唐山"有利环境保护，有利发展生产，有利方便生活，有力抗震"，重建总体规划得到批准后，曾几次邀请全国各地专家，帮助唐山作进一步研究，加深加细规划方案，并编制了各种专业规划。

在大规模重建已进行两年半的1981年年底，在中央领导的关怀和具体指导下，从我国国情和唐山市情出发，对重建总体规划及时进行调整，较为实事求是地解决了建设投资、建设规模、建设标准以及利用路南区等问题。这样，重建总体规划不断趋于科学合理。

谈及唐山震后重建规划的优化之处，笔者认为还有以下几点值得借鉴。

其一，重建规划充分考虑了唐山市原有煤炭、钢铁、机械、纺织、陶瓷、建材、电力等工业的发展优势，把唐山建设成为一座新型的工业城市。在城市建设取得巨大成就的同时，工业生产得到重大发展。1989年，在国内生产总值超过100亿元的25个城市中，唐山居第20位。

其二，重建的蓝图是在一片废墟上绘制的，这就使得唐山能够（或者说应该），实际上也做到了视地震灾难为机遇，在规划方面较为彻底地摈弃了震前诸多不合理状况，比如明显地改变了震前功能分区混乱、工厂和住宅混杂交错等不合理状况。

其三，重建规划的编制，注意结合了被地震破坏的原有建筑、设施的实际情况，在抗震设防方面亡羊补牢，以增强城市抗御自然灾害的能力，有利于人民的生命财产安全，有利于城市的长远发展（此项内容，将在"优化防灾措施"中予以详述，此略）。

（二）优化施工组织

这是加快重建步伐、提高投资效益的关键所在。震后重建优化施工的标志是：建设工期短，工程质量好，能够妥善解决灾后出现的一系列新问题，工程投资的经济效益、社会效益、环境效益明显，施工组织有条不紊。

就工期而言，唐山震后重建实际上仅用了7年时间。到1986年年底，房屋建筑总面积2 090.26万平方米。其中住宅

1 208.06 万平方米。市区内有 22.66 万户居民迁入新居，占总户数的 98.5%。

就工程质量而言，通过采取各种行之有效的措施（组织施工单位参加京、津、唐三市创全优工程竞赛等），1979—1985 年，共创出 3 019 项全优工程，工程成优率达 30% 以上。优化施工的其他标志、投资效益等效果亦很显著，成功地解决了百万灾民的住房问题。

唐山震后重建是一场极为复杂的浩大工程，通过全面的调查研究和分析，笔者初步将其特点归纳为“五先五后”。

其一：先准备，后施工。震后，除了组织勘测、规划、设计等工作，施工前的其他各项准备工作也在抓紧进行，诸如水泥生产和水泥构件厂的建设，施工机械设备的生产和购置。组织民用建筑讨论，设计出标准通用图，有利于尽早开工。从全国各地抽调的 50 多个施工队伍 10 万人，自 1977 年陆续进入施工现场。1979 年下半年，大规模施工全面展开。施工前的准备工作，自然也包括开展技术培训等事项。

其二：先外围，后中心。唐山震后重建有着自己的特点：它不是在平地或空地上建设一座城市，而是以大片废墟和数十万间简易房为“起点”和“基础”搞建设。鉴于一时无法搬迁的实际情况，先从城市的外围征地建设了河北、机场路、赵庄等6个住宅小区,共86万平方米,专为搬迁倒面使用。一批简易房的居民迁入新居后,再在腾出的场地上清墟、施工。震后,唐山市共清理各种废墟2 000万立方米。在简易房不太密集的地方,则采取了“见缝插针”的建设方式。

其三:先市政,后土建。这是城市建设应遵循的重要原则,唐山震后重建基本坚持了这条原则。在实际工作中,事先埋好地下管道,尽量做到各项掩体工程同步进行,以便及时完成小区配套,确保灾民尽快入住新居。1981年春,在新华西道施工中,共召集市政、供电、邮电、煤气、热力和发电厂等6个单位,一次破土铺设了8种28条地下管线,收到了事半功倍的效果。

其四:先试点,后推广。首先搞个别试点建筑,为大规模建设全面铺开积累经验,如通过开展住宅楼施工试点,既摸索了施工方法,又为新结构的各项定额积累了数据。1978年3月,在唐山市最早施工的24号小区(山西北里)竣工的3栋住宅楼,还有上述外围小区最早建设的楼房,都从不同角度对唐山震后的住宅建设起到了示范引领的作用。

其五:先住宅,后其他。民以居为安,尽快解决震后灾民住房问题是灾后重建头等重要的大事。唐山重建始终坚持集中人力、物力和财力,千方百计保证住宅建设。1979—1985

年，每年竣工的住宅建筑面积均占当年全部竣工面积的60%以上，而像办公楼等公建项目则根据财力情况妥善安排，量力而行地实施好这些项目的建设。

（三）优化防灾措施

受灾城市是否在重建中采取了可行的防灾措施，直接影响到重建成果的安全性，关系到这座城市生命的质量。

优化灾后重建的防灾对策，既要因“地”制宜，又要因“灾”制宜。所谓因“地”制宜，即根据灾后重建是原地恢复或异地恢复，而采取相应的防灾措施。不同的地理位置，其工程地质、地震地质、水文地质、自然经济地理、交通等方面的条件不同或不尽相同，所采取的防灾措施也应有所不同。

所谓因“灾”制宜，即根据受灾城市所受之灾来确定灾后重建的防灾措施，这实际上也是在总结教训的基础上制定防灾对策。一般来说，城市遭受了哪种灾害，灾后重建就更应充分考虑预防这种灾害的措施。唐山震后重建，认真贯彻了“预防为主”的方针，采取了严格的抗震措施。

其一：选择对抗震防灾有利的地段进行建设。如在丰润县城关东部建设了新区；中心区（老市区）重点在地基承载条件较好的路北区的基础上向北部和西部发展；将地处活动断裂带附近的唐山机车车辆工厂，地处沙土液化区的唐山齿轮厂、轻机厂等大型工厂,由路南区迁往新区安排建设等。

其二:严格按国家规定的基本烈度设防。震前唐山为6度区,不设防。为了减轻未来地震造成的损失,增强防灾能力,震后重建的新唐山,一般工业与民用建筑均按8度设防(国家将唐山市定为8度设防区),通信、供电、消防、供水、医院等城市生命线工程,适当提高了抗震设防标准。

其三:选择抗震性能好的建筑结构形式。住宅建筑主要有“内浇外挂”“内浇外砌”“砖混加构造柱”等结构形式,增强了抗震能力。为此,专业人士指出:唐山重建采取的建筑结构形式开了中国建筑结构抗震之先河,对于促进中国抗震防灾具有特殊的意义。

其四:采取了防止火灾、水灾、中毒等一系列地震次生灾害发生的措施,保证人民生命财产的安全。同时,通过增加城市交通对外出口,采取多水源环形供水方式,采用多电源环形供电方式,有线、无线通信相结合,机房分建等措施,使震后新唐山的防灾能力大大提高。

(四)优化组织指挥

所谓“优化组织指挥”,即是指在受灾城市重建过程中,指挥机构通过一定的运行方式,高效地组织指挥重建活动,以实现最佳的“指挥效益”。这就要求,指挥机构必须具有权威性，指挥方法必须具有科学性。

唐山震后重建的指挥机构是1978年3月成立的唐山市建设指挥部，其代行市委、市政府指挥，领导震后重建工作。该指挥部下设规划设计、施工、清墟搬迁、市政工程、建材、物资供应、交通运输7个专业指挥部。市委、市政府负责人担任指挥部的领导工作，市政府系统有关委、办、局的负责人担任各专业指挥部的指挥。

指挥部拥有重建计划管理、施工组织指挥、设备材料调配等重要权力。在指挥方法上，坚持统一指挥，实行“六统一”：统一规划、统一设计、统一投资、统一施工、统一分配和统一管理。可以说，这是唐山市在特定历史条件下实行的“综合开发”，是被实践证明了的指挥受灾城市重建的成功之举。

唐山重建实行统一指挥的优越性体现在诸多方面，如可以集中精力打歼灭战等。1985年在龙华小区（建筑面积17万平方米）组织有“邯二”、唐山市一建公司等5个施工单位参加的“五虎争雄”竞赛，实现当年开工、当年竣工、当年配套、当年入住，创造了唐山重建中的最高水平。

实行“规划一张图，审批一支笔，建设一盘棋，管理一个法”，有利于加强对重建工作的宏观控制，防止乱上项目和重复建设，节省建设投资。据不完全统计，通过对工程设计和预

二

决算严格审查把关，共节约投资 8 100 多万元。

中共唐山市委、唐山市人民政府在唐山抗震 10 周年《关于唐山恢复重建情况的汇报》中指出："这个机构（指唐山市建设指挥部——笔者注）在唐山建设中，不仅领导完成了如此大规模的恢复建设任务，摸索、积累了一整套指挥作战的方法和经验，而且培养、锻炼了一批指挥人才。"

（原载鲍世行主编《城市科学：希望与未来》，中国建筑工业出版社，1992 年 3 月第 1 版）

汶川重建思唐山

——唐山地震重建若干问题的回顾

1976年7月28日唐山大地震无情地摧毁了唐山这座城市；1986年7月28日地震10周年，中共河北省委、省人民政府宣告唐山重建工作基本完成；1990年唐山喜获联合国“人居荣誉奖”。笔者在此从9个方面梳理了唐山地震重建的问题。

一、主要与次要

唐山地震重建是一个极其复杂的过程，自始至终都存在诸多矛盾。实践证明，唐山解决重建过程中矛盾的方法是成功的，为人类提供了可资借鉴的经验。地震共震毁市区各类房屋1 413万平方米，一般民用建筑震毁94%，工业建筑及构筑物倒塌、遭受不同程度破坏的达80%以上。重建工作面临的问题比比皆是，而当时最突出和最大的问题还是市区十几万户居民全部住在简易房里。唐山重建中住宅建设的目标是速度快、质量好，实际工作中做到了始终重点抓、坚持“三优先”。自重建开始至重建工作基本结束，市建设指挥部一直把解决住房问题作为“头等大事”来抓。坚持对住宅建设资金优先安排，对住宅建设运输优先保证，对住宅建设物资优先供应。1986年年底，市区房屋建筑总面积2 090.26万平方米，其中住宅1 218.06万平方米，占各类房屋建筑面积的58.27%。1979—1985年大规模施工全面展开，每年竣工住宅均占当年全部竣工面积的60%以上，1980年、1985年分别占72.53%和70.85%。同时，坚持搞好配套工程建设，基本做到了配套工程与住宅建设同步进行。地震使90%的道路沉陷、错裂堵塞，15%的排水管沟受损，85%的污水井被废墟埋没。为了确保住宅小区配套，优先解决主干道周围住宅小区“一路三水”的问题。总体来讲，各小区市政配套较为及时，基本未发生楼房建成时因配套不及时而影响入住问题。

二、内因与外因

任何事物的存在和发展，都是内因和外因共同作用的结果。唐山重建这一浩大工程的完成，最根本的原因是唐山人民克服重重困难，解决一个又一个复杂矛盾而取得的胜利，其内因的作用是伟大的。全国人民及解放军给予巨大支持，其外因的作用也是伟大的。针对唐山重建任务重、时间紧的特点，在勘测、规划、设计、施工等环节，最大限度地发挥唐山本地的潜力，并根据需要调动全国力量参加重建。援唐勘测单位完成的勘察和地形图测量任务，约占完成总任务量的90%。地震刚过不久，国务院即派出联合工作组抵唐，与河北省、唐山市共同研究新唐山规划问题。随后，国家建委、河北省建委组织上海、沈阳、北京等地以及河北省各市规划人员来唐，帮助唐山编制重建规划。1977 年 5 月，中共中央、国务院原则批准《河北省唐山市城市总体规划》。重建期间，援唐设计单位完成的住宅建筑设计，约占住宅设计总任务的 2/3。整个唐山重建期间，外地援唐施工单位达 60 多个，总人数 11 万多人，共竣工房屋建筑 1 056.21 万平方米，占房屋竣工总面积的 50% 以上，其中，住宅 731.30 万平方米，占竣工面积的 60% 以上。

三、主观与客观

唐山重建的实践告诉人们，只有把客观存在的事实作为考虑问题的出发点，才能按客观规律推动重建工作，比如在施工重点的确定上坚持从实际出发和实事求是，既体现了广大群众渴盼住房的强烈愿望，又为开展大规模施工创造了条件。1978 年上半年，在重建准备工作的开始阶段，出于某种政治需要——为尽快让唐山人民、外地参观的人看到重建的宏伟场面，曾提出首先搞两条主要街道的复建，即新华道和建设路，在这两条街道两旁搞些大型公建项目。当时，这两条路旁尚有 4 675 间简易房，共居住着 2 300 多户居民。由于没有现成的住房作为搬迁使用，如此大的搬迁任务很难在短时间内完成。况且，大型公建的设计周期、施工周期都很长，若投入大量设计和施工力量搞公建，其他建筑特别是居民住宅就无法展开大面积施工。在省抗震救灾前线指挥部具体帮助下，市建设指挥部确定了以住宅建设为重点的指导思想，施工的战略部署则是“先外围、后中心”，从原本是一片田野的河北 1 号小区迈出第一步，而并非不顾现实中面临的困难，机械地搞什么“原地复建”。

四、局部与整体

作为庞大的系统工程，唐山重建非常努力地处理好局部与整体的关系。一是从宏观上寻求整体效益。唐山重建的权威指挥机构是 1978 年 3 月重建准备工作开始时成立的唐山市建设指挥部。该指挥部下设规划设计、建设施工、物资供应等 7 个专业指挥部。市建设指挥部拥有复建计划管理、施工组织指挥、设备材料调配等重大权力，对重建工作实行统一规划、统一设计、统一投资、统一施工、统一分配和统一管理。二是从中观上寻求整体效益。小区建设是整个重建工作的关键组成部分，对于任务异常繁重的唐山重建来说，组织精兵强将打好小区建设战役甚为重要。龙华小区是1985年住宅建设中规模最大的小区，承担小区建设的施工队伍展开争雄竞赛，该小区实现当年开工、当年竣工、当年配套、当年入住，与通常相比效率提高1倍多，创唐山重建以来的最好水平。三是从微观上寻求整体效益。历时10年的唐山重建工作，基本坚持了先市政工程建设、后土建工程建设的原则，比如1981年春在市中心区新华西道施工中，有关部门精心组织、科学指挥，市政、供电、煤气、热力等单位协调联动、穿插作业，一次即破土铺设8种28条地下管线。有关部门多次组织这种形式的施工，从而加快了城市基础设施建设的进度。

五、特殊与普遍

一个先进施工单位如同一面旗帜，引领参加重建的施工企业强化管理，提高效益。河北省邯郸市第二建筑工程公司，是参加唐山重建施工企业的杰出代表。1979—1986年年底，该公司共完成建筑面积109.39万平方米；竣工交付使用的668个工程项目，均符合国家验收标准并创出大批优良工程；

“邯二”的施工速度快,平均比合同工期和国家定额工期缩短10%和30%。唐山市认真组织开展学习“邯二”活动,使“邯二”经验成为重建参战单位的共同财富,有力地促进了唐山重建工作。一栋住宅楼的示范建设,同样反映了唐山重建从特殊到普遍、从个别到一般的工作思路和方法。唐山重建尽量采用新技术、新材料,新唐山建设本身即是一场建筑革命。住宅楼建筑,主要有“内浇外挂”“内浇外砌”“砖混加构造柱”三种结构形式,建筑结构表现为多样化特征。为摸索施工方法和锻炼施工队伍,并为新结构的各项定额积累数据,1978年4月,唐山市一建公司(原唐山地区建筑安装公司)建成第一座新墙体试验楼。该试验楼位于市中心区33号住宅小区,为建筑面积1 398.54平方米的家属住宅楼,它不仅提供了“内浇外挂”新墙体住宅楼建设的许多数据,而且初步总结了包括施工方法、劳动组织、质量要求、安全生产等方面的经验教训。

六、低级与高级

窝棚城市,是唐山地震后特定条件下的产物,是在废墟上出现的第一座“城市”。大地震过后,灾区群众自己动手,用旧木杆、席子、破旧油毡、塑料布等在路边、公园、废墟旁和树下支起临时窝棚。救灾队伍抵唐后，帮助少数孤老伤残者搭建了一部分窝棚，并向厂矿和机关单位提供了部分帆布帐篷。于是，唐山就成了一座窝棚城市。简易城市，是窝棚城市向现代化新型城市迈进的桥梁。它取代了窝棚城市，并向新型城市过渡；它既是窝棚城市的发展，也是新型城市的基础，起到了承上启下的重要作用。唐山地震发生在7月末，3个多月之后便进入冬季。临时窝棚不能保护灾区人民过冬，而城市的重建并非在几个月甚或三五年内可以完成。在全国各地的支援和人民解放军的帮助下，灾区人民开展了修建简易房的工作。自9月中旬至入冬前，市区共建成简易房35.1万间。简易房基本有三种形式："两出水"的人字梁，起脊房；"一出水"的前高后低滚水房；两头出檐的平顶房。简易城市的作用：一是物质保障作用，解决了受灾群众的住房问题，而且为灾区人民创造了大量的物质财富；二是防灾借鉴作用，即一座城市若遭受毁灭性的灾难，首先应考虑建设一座简易城市；三是政治教育作用，在建设简易房的特定环境中，密切了人与人之间，尤其是唐山人民与人民解放军之间的关系，这已经成为政治教育的好教材。新型城市——唐山重建目标基本实现。1986年7月28日，中共唐山市委、唐山市人民政府在《关于唐山恢复重建情况的汇报》中，对新唐山建设成果作了如下宏观描述:"一座功能分区明确,布局比较合理,市政建设比较配套,抗震性能良好,生产生活方便,环境比较优美的新型城市,已经基本建成。"

七、有利与不利

一场毁灭性的大地震发生之后,这座城市的恢复重建在原地还是异地呢？这是一个历史性的重大选择。地震使冀东工业重镇唐山毁于一旦。地震毁灭的是一个具有百年历史的唐山,这里曾诞生过我国第一条标准轨距铁路,制造过我国自行制造的第一台蒸汽机车,生产过我国的第一袋水泥。唐山曾被称为我国"北方工业的摇篮",地震前工业产值约占全国的1%。与此同时,唐山也是一座在城市规划、建设上存在许多不合理状况的城市。关于新唐山建设的选址问题,开始曾有两种截然不同的设想:一种是将原有的城市放弃,异地进行建设;另一种是立足于原有城市,在原地进行建设。所谓异地建设,就是放弃唐山,就是把原来市内的企事业单位全部搬迁出去,划归原唐山地区所属的各区县分别进行建设。所谓原地建设,就是立足唐山,保留原来市内的企事业单位,以唐山市区为基础进行规划和建设。权衡利弊之后的结论是:立足唐山,原地建设。原路南区地质条件极其复杂,而且有一条活动断裂带,对城市建设和发展极为不利。为此,将原来地处活动断裂带附近的唐山机车车辆厂,地处沙土液化区的唐山齿轮厂、轻机厂等大型工厂搬出路南区,迁往开辟的新区安排建设。选择一些地质条件相对较好的地段,适当安排部分二至三层住宅和商业网点。然而,在距唐山地震30多年的今天来看,唐山重建仍然没有避开活动断裂带,终究还是一件遗憾的事情。

八、历史与现实

自1979年下半年唐山大规模重建开始,到1986年地震10周年重建工作基本结束,这无疑是唐山城市发展史上建设举动最大、建设成就最为辉煌的时期。然而,在唐山地震10周年,当人们高度赞美崛起的新唐山时,也不免流露出些许遗憾的情绪。随着时间的推移,人们对新唐山建设的某些缺陷,似乎看得更清楚了些。当时仍有一些居民住在简易房(4 566户),城市基础设施建设还有许多亟待解决的问题,建筑设计“千篇一律”的问题比较突出。这里既有主观原因,也有客观原因——所谓“历史的人做历史的事”。历史告诉我们:逃避历史责任而不去做应当、可以做的事是错误的;超越历史去做那些不允许、不能做的事是很艰难甚至是不可能的。当时,人们曾受着“左”倾思想的严重影响,在编制唐山重建规划和进行施工准备乃至以后相当长的一段时间里,对某些问题存在许多模糊认识。当时,人们的工作曾受着经济实力的严重制约,整个唐山重建是靠全市人民自力更生、艰苦奋斗,高速度发展工业生产创造的财富实现的。当时,人们时刻考虑住简易房居民的渴望,也确实应让其尽早地迁入新居,“设计标准化”大大提高了设计、施工效率,却产生住宅建筑“千篇一律”的现象。当时,没有现成的经验可资借鉴,唐山重建走着前人没有走过的路,为受灾城市(尤其是遭受毁灭性自然灾害的城市)重建探索优化对策提供了一个“参照物”。

九、过程与阶段

唐山抗震救灾、恢复生产、重建家园三个阶段的工作反映了事物普遍联系、相互作用的关系。一般而言,人们从工作过程和时间的角度把唐山地震后的工作大体分为三步,或者叫三个阶段。第一阶段,发生地震到1976年年底,此为抗震救灾阶段。重点是抢救伤员、恢复道路交通、搭盖简易房,集中力量安排群众的生活,解决全市人民的衣食住行和医疗问题。第二阶段,即1977年恢复生产阶段。其实,早在群众生活初步安置的基础上就发动广大职工就地简易恢复生产。1977

年年底，90%左右的企业简易恢复震前生产能力，1978年全市完成工业总产值接近震前水平，1979年则超过震前水平8.8%。第三阶段，即从1978年开始为重建家园阶段。经过1年半的准备，1979年下半年展开大规模施工。三个阶段的工作存在密切联系：抗震救灾为恢复生产作准备，是恢复生产的前提条件，抗震救灾工作直接影响恢复生产的规模和速度；恢复生产则是为重建家园作财力和物质准备，是重建家园的基础条件，恢复生产工作直接影响重建家园的规模和速度。当然，抗震救灾、恢复生产、重建家园三个阶段也不是绝对分隔的。在抗震救灾阶段，就做了许多恢复生产（如清理废墟、抢修设备和搭建简易厂房等）、重建家园（如研究制定重建规划等）的工作。在恢复生产阶段，重建家园的工作内容就更多了，如完成部分工程地质勘察，开展部分地段测量工作，继续开展重建规划工作等。

（原载2008年第4期《城市与减灾》，副题为入选此书时所加）

唐山重建的经济效益分析

——少花钱、多办事的有益实践

新建的唐山城，其经济效益如何？唐山城市重建前期，国家还处于经济十分困难的阶段，后期虽有改善，但总的来讲经济投入是很有限的。在这种形势下，唐山人民在全国人民的支援下付出了极大的努力，以较少的资金、较高的质量和较快的速度建成了新唐山。

一、严把工程设计和预决算关

工程设计是整个工程建设的“灵魂”。唐山重建的设计任务量很大，设计中节约的潜力显然也很大，如结构设计计算要精确、材料选用要合适等。为了在设计上挖掘节约潜力，一方面要充分发挥建筑师们的聪明才智，另一方面要加强对设计的审查把关。

为此，专门成立了以总工程师为首的设计审查小组，对工程设计进行严格审查和把关。据不完全统计，审查小组先后审查设计施工图 800 万平方米，对设计中的不合理部分及时作了调整和修改，削减投资 1 000 万元。

工程预算是确定拟建工程全部费用的文件，即根据已批准的设计图纸和已定的施工方案，按照国家对工程预算的有关规定以及现行定额，计算各分部、各分项工程的工程量，并计算出所必需的全部工程造价和技术经济指标。严把工程预决算对于合理控制工程造价具有决定性的作用。

为此，唐山重建中成立了投资包干办公室，由市建行负责人任该办公室的主任。投资包干办公室以其编制的“内浇外挂”“内浇外砌”“砖混加构造柱”三种建筑结构的标准预算作为审查依据，先后审查预决算 16 亿多元，净减投资 7 100 多万元。

二、多方挖潜降低造价

唐山重建期间，既要保证不超出国家下达的投资指标，又要按城市规划全面完成重建任务，因此采取了一系列切实可行的措施，如改变建筑结构，合理调整材料结构，适当降低装修标准等，千方百计节省投资，努力做到投资少、收益大。

唐山重建期间的住宅建设，开始拟主要采取“内浇外挂”结构。为了节省建设投资，用有限的资金多建一些住宅，在确保工程质量和抗震能力不降低的前提下，改变和调整了工程设计，将原来单一的“内浇外挂”结构改变为“内浇外挂”“内浇外砌”“砖混加构造柱”三种结构相结合的形式。

其中，“内浇外挂”改为“内浇外砌”，每平方米可节约10元；“内浇外挂”改为“砖混加构造柱”，每平方米可节约20元；调整材料结构，用电厂废弃的粉煤灰代替珍珠岩作屋顶保温层，变废为宝，每平方米可节约投资3~5元。

按原计划，唐山震后新建住宅都搞外装修，后改为除临街和个别的一些建筑物进行外装修外，小区内的大部分项目采用清水砖墙或进行局部装修。由于采取这项措施，每平方米可节约投资2.5~3元。

此外，压缩非生产性建设，采取建筑材料统一供应等，都体现了勤俭节约的精神，节省了大量建设资金。

三、逐级包干促进节约

唐山震后重建实行的包干办法，大致可概括为三个方面的内容：一是中央对唐山市重建投资采取大包干的办法；二是唐山市有关主管部门对市内各系统建设投资实行包干；三是推行小区平方米造价包干。

中央对唐山市重建投资采取大包干。震后，国务院批准唐山重建总投资为19.955亿元（不含国家另行直接下达用于开滦煤矿系统的13.5亿元和用于中央部属系统复建的3.9亿元,下同)。

鉴于对唐山重建的复杂性和艰巨性、建筑材料价格上涨、施工费用调高、丢漏建设项目、建筑抗震按8度标准设防等因素考虑不周,重建过程中几次上调了建设投资。到1986年5月,国家批准唐山重建投资包干指标为26.15亿元。唐山市据此“量钱办事”,并用节约的资金多搞了一些建设项目。

按系统投资包干。为合理分配建设资金和有效地节约资金,唐山市组织市计委、建行等对需要重建的单位进行了调查,根据新唐山建设规划,参照震前的建筑规模,核定了各系统的投资指标,超支不补,节约留用。

推行平方米造价包干。这项工作于1980年搞试点,总结经验后在全市推广。其做法是:根据不同住宅小区的建设规模,依据唐山市建筑安装工程预算定额、取费标准和材料预算价格,参照同类工程竣工决算的有关数据,采取施工图预算加系数(开始系数为2.5%,后改为1%)的办法确定平方米造价。

甲、乙双方据此签订合同,施工企业包任务、包质量、包造价、包工期,一包到底。工期提前一个月奖励1‰~2‰,推迟一个月罚款1‰~2‰。事实证明,平方米造价包干取得显著效果，不仅缩短了建设工期，保证了工程质量，而且降低了工程造价。

1980—1982 年，实行平方米造价包干的大庆 10 号、龙南小区（“内浇外砌”结构）和税东小区（“砖混加构造柱”结构）的平方米造价，分别比包干前其他小区平均降低了 6.52 元（“内浇外砌”结构）和 17.13 元（“砖混加构造柱”结构）。

由于采取了一系列节省投资的有效措施，尽管十年重建期间原材料价格有所上涨，施工费用有所提高，但整个工程造价还是比较低的。根据 1985 年年初的测算，“内浇外挂”“内浇外砌”“砖混加构造柱”三种结构住宅，每平方米造价（含土建、安装和室外工程）分别为 172 元、162 元、152 元。住宅（包括小区管网）每平方米平均造价 167 元，“砖混加构造柱”结构的公建项目每平方米平均造价 130 元左右。

1986 年以后，建筑用原材料价格又有较大幅度上涨，一些新型高档建材产品投入使用，各种费用都有较大幅度提高，因而使唐山市建筑的每平方米造价大大提高。据初步测算，1995 年唐山市“砖混加构造柱”结构住宅每平方米造价一般为 420~600 元，但与其他城市相比，造价还是较低的。

新唐山各类城市建筑投入使用后的运行情况良好，一般楼房运行周期为 50~60 年，高层及特殊建筑为 100 年左右或更长一点的时间。由于全是新建筑,质量又比较好,建筑的维修管理费用也较低。据统计, 1982—1986年的5年间,用于房屋维修费用的支出约占租金收入的31%。

唐山是全国城市住房制度改革试点城市之一,实行住房制度改革后,租金收入大大增加,房屋维修费用相应增加,房屋维修管理得到加强。

(原载王子平、孙东富主编《地震文化与社会发展——新唐山崛起给人们的启示》,地震出版社, 1996年7月第1版。此文为第十二章"新唐山城市建设的文化审视"中"新唐山城市建设的经济效益分析"内容,合作者陈非比)

唐山荣获联合国人居奖纪事

在漫漫的历史长河中，2016年7月28日是一个极为特殊的时间节点——唐山大地震40周年。

笔者曾在唐山市建设部门供职多年，历经声势浩大的唐山地震重建，有幸参与和记载了其中的一些工作。其中，对唐山荣获联合国人居奖之事记忆尤深。

正是在这个时间节点的前夕，在原有零星记载与记忆的基础上，对唐山历史上的这一重大事件作了进一步的整理、归纳与补充，形成以下四个方面的具体内容。

一、联合国人居奖的设立

本文所称“联合国人居奖”，是联合国人居署（原联合国人居中心）于1989年设立的一项全球人居领域最高规格的奖励。这一奖项设立的背景如下。

人口的迅速增长造成居住环境不断恶化，人居问题日益受到人们的关注。从全球范围来看，当时所面临的形势是拥挤、提供基本服务的经费不足、缺少适当的住房、基础设施每况愈下等。世界上 40%~50% 的市民住在贫民窟中，整个人类住区（城镇和乡村）超过 10 亿人缺少住房或居住条件十分恶劣，至少有 1 亿人无家可归，6 亿人生活在各种危害健康和生命的境况中。

此项联合国人居奖，正是为了使国际社会和各国政府对人类住区发展以及解决人居领域各种问题给予充分重视，为了鼓励和表彰世界各国为人类住区发展作出杰出贡献的政府/组织、个人和项目而设立的。这个奖项的内容涉及人类住区住房、基础设施、旧城改造、可持续人类住区发展、灾后重建、住房解困等方面，获奖的数量一般每年不超过 10 项。

中国自 1990 年开始申报联合国人居奖，唐山成为中国获得此奖的第一个城市。该年度获奖项目共 6 个，它们分别是英国高级法院法官罗德·斯卡蒙（Lord Scar-mor）、法国生土建设国际中心（CRA Terre）、哥伦比亚的“让我们建设”（Construy-amos ）、中国的唐山市政府、坦桑尼亚共和国的修复桑给巴尔石头镇项目、泰国的 Rnamgai Samakki 重新安居项目。

1990 年 10 月 6 日，即世界人居日（每年 10 月第一个星期一），联合国副秘书长、人居中心执行主任阿考特·拉马昌德兰博士，对 6 个奖项逐一作了介绍。当讲到唐山时，他说：

“中国的唐山市政府也以其重建唐山市的大规模重建方案荣获一项人居奖。1976年的地震曾使唐山沦为平地。这是如何科学而热忱地解决住房、基础设施和服务设施的杰出典范。”

1990年,中国一共向联合国推荐了9个单位和个人参评人居奖,只有唐山获此殊荣。

二、唐山市申报资料摘录

唐山市申报联合国人居奖时,提交的资料为“一稿一片”。一稿,即题为《唐山市人民政府成功地解决震后灾民住房问题》文字材料(正文3 000字,另有300字概要);一片,即题为《让人民安居乐业》的唐山重建成就电视片。1990年5月,“一稿一片”报送建设部,经由建设部审查后,报送联合国机构。

《唐山市人民政府成功地解决震后灾民住房问题》展示了唐山震后重建的伟大成就。

至此(1986年6月——笔者注),市区完成总建筑面积1 800万平方米,其中居民住宅1 125万平方米,分别占原定复建任务的127.3%和144%,迁入新居的居民占市区居民户数的98.2%。又经过一段时间的努力,共解决了23万多户近百万城市居民的住房问题,使灾民住房全部得到解决。

这份资料着重介绍了在解决震后灾民住房问题方面的成

功经验。主要有以下几点。

(一)抢建简易住宅,解决灾民的临时入住问题

大地震后,市区的居民们暂住在临时搭成的“窝棚”里。为了使生活和生产有一个临时的基本保障,1976年入冬前,市区建成简易房35.1万间,居民们从“窝棚”迁入这些防震、防雨、防风、防寒、防火的房子里。抢建简易住宅是唐山人民的一个创举,……

(二)科学规划,节约用地,合理布局

坚持以科学的城市总体规划为“龙头”,按规划进行包括住宅在内的各项工程建设。1976年10月底就提出了震后重建的总体规划方案,1977年5月14日得到批准。今日唐山明显地改变了震前功能分区混乱、工厂和住宅混杂交错等不合理状况,……

(三)科学组织施工

(1)先准备,后施工。在全省组织会战生产了160多台塔吊,购置了1 000多台(件)大型施工机械,组建了20多个预制构件厂和加气混凝土厂、石膏板厂,扩建了水泥厂等。

(2)先外围,后中心。鉴于市区场地被简易房和废墟覆盖,一时无法搬迁的特点,先从城市的外围征地建设了6个小区共86万平方米住宅,专为搬迁倒面使用。

(3)先地下,后地上。

(4)先住宅,后其他。把解决灾民住房放在首位,坚持集中人力、物力和财力,重点保证住宅建设,使住宅竣工面积每年占当年全部竣工面积的60%以上。

(四)集中、统一指挥

1978年3月,成立了唐山市建设指挥部和下属的规划设计、施工、清墟搬迁、市政工程、建材、物资供应、交通运输7个专业指挥部。……在指挥部的领导下,对重建工作实行"六统一"(统一规划、统一设计、统一投资、统一施工、统一分配和统一管理)。……

(五)搞好各项市政公用设施配套建设

城市道路、给排水、园林绿化、煤气、供热、供电、邮电等市政公用设施以及其他服务设施的建设也取得重大成绩,……1989年年底,……气化率达65.92%,居河北省首位。集中供热总面积达700多万平方米,普及率为28.92%,在全国各大中城市名列前茅。

(六)采取抗震防灾措施

在震后重建中,认真贯彻了"预防为主"的抗震方针,各种工程严格按照国家规定的标准(8度基本烈度区)进行抗震设防。唐山曾因地震而毁灭,又因震后重建而成为全国最结实的城市。

题为《让人民安居乐业》的重建成就电视片，由唐山电视台拍摄。笔者记得，在唐山获得联合国人居奖之后，中央电视台还播放了这部电视片。

三、联合国在京颁奖简况

1990年11月13日上午在北京新大都饭店，受联合国副秘书长、人居中心执行主任阿考特·拉马昌德兰博士委托，联合国开发署驻京代表毛瑞先生给唐山市政府颁奖，唐山市委书记、市长陈立友从毛瑞先生手中接过“为人类住区发展作出杰出贡献的组织”证书。全国政协副主席谷牧，建设部常务副部长叶如棠，副部长谭庆琏、周干峙，北京市副市长张百发，唐山市副市长龙家俊等参加了颁奖仪式。

毛瑞先生在颁奖仪式上发表讲话。他说：“本世纪1/3的地震发生在中国，地震中死亡的265万人中的89%是中国人。”他指出：“自然灾害对人类居住的影响，可以通过适当的灾前和灾后的计划加以减轻。”“减少地震带来的人员伤亡和物质损失，需要一项有效的预报体系，而这种预报方法只有通过对地震现象深刻的认识才能找到。”“对待自然灾害，需要包括预防和重建行动在内的全面措施。唐山的经验表明，人民的积极参加可以对地震后改善人类居住条件方面起到重要作用。”

叶如棠在讲话中，对唐山市获得联合国“人居荣誉奖”表示祝贺。他说：“唐山市政府把解决震后灾民住房问题当作头等大事来抓，采取了一系列有效的措施和科学的方法，成功地解决了近百万人口的住房问题，使人民能够安居乐业，为震后解决灾民住房问题作出了显著成绩。”他希望全国其他城市学习唐山市脚踏实地解决居民住房问题的精神，为解决本地的住房问题作出新的贡献。

陈立友在讲话中说：“1976 年 7 月 28 日，唐山发生了 7.8 级强烈地震，使这座具有百年历史的重工业城市毁于一旦。……经过唐山人民十年抗震救灾、恢复生产、重建家园的艰苦斗争，一座功能分区明确、布局比较合理、基础设施基本配套、抗震性能良好的新型城市拔地而起。……特别是从 1988 年开始，我市成功地进行了住房制度改革，初步摸索出解决城市居民住房问题的路子，促进了人类住区发展的良性循环。”

在 13 日上午的颁奖仪式之前，唐山市在北京新大都饭店举行新闻发布会，回顾抗震建设业绩，总结经济发展成果，在首都新闻界引起强烈反响。新华社、人民日报、中国日报、中国新闻社、经济日报、工人日报、光明日报、经济参考报、中央人民广播电台、中央电视台、科技日报等20多家新闻单位的40多名记者参加了发布会。

四、媒体对唐山获奖报道

1990年11月14日,《人民日报》在第一版的显著位置发表消息:《在地震废墟上写出大规模建设创业史 唐山获联合国“人居荣誉奖”》。消息说:“唐山市人民政府以其抗震救灾、重建唐山市、解决百万人居住问题的突出成绩,获得了联合国人类住区(生境)中心颁发的‘人居荣誉奖’。”“唐山是我国首次参加这一国际评选活动并获奖的城市。在评选中,国际著名城建专家们称赞唐山的建设,认为唐山提供了国际社会可资仿效的建设经验。”

同日《人民日报》第二版发表通讯:《社会主义之光——写在唐山获“人居荣誉奖”之际》。文章说:“荣誉不仅属于唐山。它印证着这样一个事实:社会主义的阳光雨露,才使灾后的种子生长出美丽的花朵。”“国外报刊称唐山是‘中国乃至世界大城市灾后复原和发展的范例’,并把唐山看作中国政策和制度的缩影。”“改革赋予唐山建设新的魅力,它使公有制优越性发挥得更为详尽。正如美国《新闻周刊》所言:‘唐山的新生证明了中国在改革政策指导下跨出的巨大步伐。’”

二

最为详尽报道唐山获奖情况的，当属1990年11月14日的《唐山劳动日报》，第一版整版篇幅发表了相关消息。其中，头条为《我市获联合国人居荣誉奖》（红字标题）；报眼为《我市在首都举行新闻发布会》。此外，就是毛瑞先生、陈立友同志在联合国“为人类住区的发展作出杰出贡献的组织”颁奖仪式上的讲话（摘要）。

第二版整版篇幅（并转另版）发表通讯：《闻名于世的唐山——写在联合国组织向唐山授奖之际》。文章说：“这是一个庄重的时刻，当市委书记、市长陈立友从联合国开发署驻京代表毛瑞先生手中接过‘人居荣誉奖’奖状时，历史仿佛一下子浓缩了，唐山市几届市委、市政府及百万唐山人民14年的努力，在这一刻得到了最高的承认，‘为人类住区发展作出杰出贡献’，还有什么能比这个评价更高呢？”

文章说：“唐山在历史上小有名气，因为她是中国近代工业的发祥地之一。”“唐山又以遭受严重震灾而闻名于世。”“唐山又以高速度建成一座新型城市而再次闻名于世。”“更值得提出的是，今天的唐山，向人们讲述的不再仅仅是一个关于毁灭与崛起的故事，而是一部新时代的创业史。”“唐山，现在又以‘经济巨人’的雄姿再次扬名于世界，向世人讲述了一个动人的经济振兴的故事。”

此外,还有众多新闻媒体对唐山历史上的这件喜事作了报道。其中,1990 年 11 月 14 日《河北日报》发表消息《百万干部群众的辛勤化殊荣 唐山获联合国人居荣誉奖》;1990 年 12 月 6 日《中国城市导报》发表通讯《不垮的唐山——写在唐山市获得联合国"人居荣誉奖"之际》等。

(原载 2016 年第 4 期《城市与减灾》)

附:1990 年联合国人居荣誉奖名单

(1)英国高级法院法官罗德·斯卡蒙(Lord Scar-mor)是今年个人奖的唯一得主。他为伦敦市区内无家可归和最穷的部分居民提供庇护而做的不懈努力得到了高度赞赏。作为为无家可归者提供住所的国际年(1987 年)的英国领事主席,他号召中央及各级政府查看贫穷和处于不利地位者的居住状况并减轻其贫困程度。

(2)CRA Terre——法国生土建设国际中心是今年第一个获组织奖的。它的突出表现是:作为非官方组织,它自 1973 年以来通过培训、咨询和出版方式推进了生土作为建筑材料的使用。该组织已在至少 50 个国家(发达及发展中)工作过,并且已培训出数以百计的技术员和建筑师。

（3）组织奖的第二位得主是哥伦比亚的 Construy-amos（中文意为“让我们建设”）。该组织有效地推动了家庭自助，更为出色的是，它成功地在哥伦比亚建立了行政机关，以确保从政府、财政机关、私人及公共各方面得到支持，因此在保障住房方面及促进哥伦比亚的经济上取得了可观的进步。

（4）中国的唐山市政府也以其大规模重建方案荣获一项人居奖。1976 年的地震曾使唐山沦为平地。唐山重建是如何科学而热忱地解决住房、基础设施和服务设施的杰出典范。

（5）坦桑尼亚共和国修复桑给巴尔石头镇的项目，是修复保护传统建筑的不同机构之间合作的出色事例。利用来自联邦德国政府、欧洲共同体、阿哥可汗文化信用团（Aga khan Trust for Cuiture）、阿哥可汗经济发展基金会以及联合国机构的基金，坦桑尼亚政府执行了一项回复计划，运用适当的技术和材料，同时也保存了阿拉伯、印度和欧洲文化中的建筑遗产。

（6）泰国的 Rnamgai Samakki 重新安居项目，是由泰国人居基金会执行的。该项目有效地展示了解决与建房开支、征得建房、庇护和公共服务设施的土地相关的问题中依赖公共参与的成效。该项目对其他国家有很强的适用性。

（原载程才实著《唐山震后重建的哲学思考》，天津人民出版社，1994 年 9 月第 1 版）

唐山重建结束后建筑业发展的思考

——简谈建筑企业如何实现转型升级问题

唐山的建筑业是在大地震后十年重建期间特定历史条件下发展壮大起来的。随着大规模重建的基本结束和经济体制改革的不断深入，唐山建筑业越来越表现出种种的不适应，多数企业效益严重下降。面对变化了的新形势，确立新的发展战略指导思想，成为唐山建筑业亟待研究的重要课题。

笔者认为，在唐山十年重建基本结束，开始进入十年振兴新阶段的历史转折时期，唐山建筑业发展的战略指导思想应该是：在改革、开放、搞活方针指引下，根据施工对象的变化，确立重点工程和工业企业内部更新改造服务这两个重点，加速转轨变型；适应建设市场开放，提高企业应变能力；理顺建筑产品价格，推进建筑产品商品化；深化企业内部改革，广泛开展横向联合，不断增强企业活力；加强职工思想教育和企业整顿，同时为企业发展创造良好的外部环境，全面提高企业素质。总之，要争取在较短的时间内，使整个建筑业恢复蓬勃生机和活力，为建设科技发达、经济繁荣、生活方便、环境优美的新唐山再立新功。

一、适应施工对象变化，确立重点工程和工业企业内部更新改造服务这两个重点，是唐山的建筑企业需要解决的首要问题

唐山重建期间，建筑企业承担的施工任务主要是民用建筑和市政公用设施的建设。其特点，一是工程量饱满，二是这些工程大多用统一的图纸，施工技术上的复杂程度相对较低，施工管理也比较容易。而现在，成片的住宅小区及市政公用设施建设工程大量减少。为适应重建期间民用建筑和市政公用设施建设任务而迅速发展起来的庞大施工队伍，既面临施工队伍与施工任务供过于求的局面，也面临对新的服务对象普遍表现出不适应的问题。

所谓新的服务对象，一是指“七五”期间，国家和省一批重点工程项目在唐山相继上马，如唐钢扩建、唐山碱厂的建设等，冀东大钢、王滩港等大型项目的可行性论证也在抓紧进行，这就给唐山的建筑企业提供了广阔的施工市场；二是我国“七五”期间工业建设仍以内涵扩大再生产为主，更新改造工程较多。唐山的建筑企业今后无论在本市施工，还是到外地

承担建设任务,大中型工业建设项目、点多分散的技术改造项目都将占较大比重。这些工业项目的施工,较之民用建筑尤其是住宅建设,在技术上更为复杂,对施工水平的要求更高。而唐山的建筑企业,多数还习惯于过去的施工管理方式,技术水平也不能完全适应新形势的要求。因此,唐山的建筑企业必须看清施工对象的这种变化,改变传统落后的管理方式,采用先进的科学的管理方法,大力进行智力投资,培养更多的施工管理人才和施工技术人员,提高职工队伍和整个企业的素质。

二、随着建设市场的开放,大力推进建筑产品商品化,增强企业的竞争能力,是唐山建筑企业在改革形势下得以生存和发展的必要条件

这里有两个方面的问题。一是长期以来特别是唐山重建期间,唐山的施工企业基本上依赖基建主管部门的行政手段分配施工任务。建设工程招投标办法的推行,使得过去靠行政手段保证施工任务的建筑企业,只有以优质的建筑产品、合理的工期、低廉的造价、高效的服务,才能在激烈的竞争中站住脚跟,求得生存和发展。

二是目前国内普遍没有把建筑产品当作商品对待，基本是按国家和地方编制的预算定额、费用定额和材料估价表来计算建筑产品的造价，而定额测定价格往往跟不上建筑材料价格的变化速度。唐山市属4个建筑公司1986年因受材料价格因素影响，减少收入总计达267万元，约占当年利润的50%。按国家规定，建筑企业只收工程直接费和间接费的2.5%作为法定利润，大大低于工业企业14%~16%的平均利润水平。

建筑产品价格与价值长期以来相背离，违反了价值规律的基本要求。因此，要破除建筑产品不是商品的旧观念，在近期不能改变套用预算定额的情况下，要加强预算定额管理工作，及时测定建筑材料价格上涨系数，适当提高法定利润水平。在此基础上，根据工程结构和类型，制定建筑产品指导性价格，允许建筑产品的价格在一定幅度内浮动，实现优质优价。

三、深化企业内部分配制度的改革，彻底打破“大锅饭”，是增强建筑企业内部活力的一个关键环节

在建筑业的改革中，唐山市积极推行经济承包责任制，如利润分成承包、全额承包、指标包保承包、单项工程承包等，收

到了较好的效果。但由于多年来“左”的思想影响，目前一些建筑企业吃“大锅饭”的状况尚未得到根本转变。

虽然在分配上公开反对拉开档次的不多了，但档次之间的差距不大，尤其在管理人员的奖金分配上，不讲贡献大小，基本还是人人有份、利益均等。在企业分配制度改革上，要敢于迈开步子，探讨试行新的分配办法，彻底改变“干与不干一个样，干好干坏一个样”的现象，奖勤罚懒，奖优罚劣，鼓励人人争上游，多做贡献。

四、发展建筑企业之间的横向联合，是唐山建筑企业增强外部活力的重要举措

经过几年的产业调整，唐山建筑业初步形成了土建安装、构件生产、木材加工、建筑运输与吊装专业化生产的格局，这是社会主义商品经济存在和发展的客观要求，是社会化大生产发展的趋势。但由于企业在管理思想上存在“大而全”“小而全”的问题，在生产经营上存在“万事不求人”的传统观念，加上在部门配合协作上不够协调，致使一些企业仍热衷于低水平的重复投资，添置设备、增加人员，处处强调自我服务，不善于与他人合作，总想把企业办成自给自足、自成体系的小社会。

这种封闭式的小农经济思想极大地阻碍着建筑企业的发展。建筑企业必须破除自有自便的观念，切实从小圈子里跳出来。要加强系统内、外的经济联合，包括土建安装企业与木材加工厂、机械化运输公司、机械化施工公司的联合，国有企业与集体企业、乡镇建筑队伍的联合等。通过广泛联合，实现劳动力、资金、设备、技术的科学组合与合理使用，以取得最佳的经济效益和社会效益。

五、要增强广大建筑职工的职业荣誉感，让全社会认识到建筑业是一项伟大的事业，并大力支持建筑业的发展

在举世瞩目的唐山地震重建中，唐山形成了一支近 20 万人的建筑大军，近半个唐山是这支大军建设完成的。然而，由于多个方面的原因，目前生产经营不景气，职工收入不高，加之社会上一些人对建筑工人的偏见，建筑队伍中普遍存在一种自卑心理，不同程度地影响着他们劳动积极性的发挥。

要振奋广大建筑职工的精神，焕发他们的劳动热情。大力宣传建筑业在社会主义现代化建设中的地位和作用，大讲唐山建筑业在新唐山建设中的丰功伟绩，提高全社会对这支

队伍的认知度。建筑企业要千方百计搞好经营生产，逐步提高职工收入。要教育职工热爱建筑业，要自己重新认识自己，在唐山十年振兴中作出比十年重建更大的贡献。

（原载《城市建设问题研究——对唐山市城市建设的几点认识》，天津人民出版社，1991 年 11 月第 1 版，副题为入选此书时所加，合作者王荫成）

三

唐山大地震24周年祭

——从血的教训中汲取防震减灾的智慧与力量

地球，这个人类和万物安身的地方，即使是最伟大的科学家，也不能穷尽它的秘密。在神秘莫测的地球面前，人类还只是襁褓中的婴儿。

1976年唐山大地震，至今整整24周年了。而今，人们舒朗地享受日子，灾难正一点点从记忆中剔除，但那场大地震的痕迹还在，它会把经历的灾难告诉今天和明天。

一

尧舜时代（公元前23世纪左右），发生在今山西蒲州的地震，在《墨子》和《太平御览》中有所记载。

1556年1月，陕西华县发生8级地震，“压死官吏军民，奏报有名者八十三万有奇，……其不知名未经奏报者复不可数计。”

1668年7月，山东郯城发生8级地震，时任郯城县令冯可参作《灾民歌》，聊为灾民告哀。

1739年1月，宁夏平罗发生8级地震，银川平原“压死人口十之四五”，加之火焚、水溺、冰冻而死者累计约5万人。

进入20世纪，震灾更加猖獗地将人类掠向死亡，这里仅列10例，具体如下。

（1）1906年4月18日凌晨，位于美国西海岸的旧金山，教堂的钟楼剧烈摇晃起来，街道就像海面的波浪。幸运的是，此次8.25级地震仅死亡315人，约700人下落不明。但此次震灾造成的财产损失巨大。

（2）1923年9月1日正午时分，日本关东地区发生8.2级地震，正在烧饭的炉子翻倒引起熊熊大火。此次地震摧毁了东京、横滨两座著名的大城市，死亡人数达14.3万人。

（3）1960年5月21日及随后的30天，智利中南部发生数百次地震，超过8级的3次，超过7级的10次，最大的主震8.9级。地震引发的海啸巨浪以700千米的疯狂时速横扫浩瀚的太平洋。

（4）1966年3月8日和22日，河北邢台地区发生6.8级和7.2级强烈地震，拉开了20世纪中国大陆地区第四个地震活动高潮期的序幕。震区死亡8 064人，受伤38 451人，其中重伤9 492人。

（5）1976年7月28日凌晨，河北唐山被7.8级大地震摧毁。上溯 400 多年,此次地震在世界地震史上造成的损失最为惨重,24 万生灵涂炭,16 万多人重伤。市区几处地震遗址令众多观摩者浩叹不已。

（6）1985 年 9 月 19 日,墨西哥发生 7.8 级强烈地震,波及太平洋沿岸 4 个州及首都。墨西哥城 35% 的建筑物受损,通信中断,地上地下交通瘫痪,煤气管道断裂造成街道起火,约有 1 万人死亡,伤者甚众。

（7）1988 年 12 月 7 日,前苏联亚美尼亚加盟共和国北部发生 7.0 级地震,造成 24 972 人死亡,1.9 万人致残。在一所学校的地震废墟上,痛不欲生的学生家长呼号寻找着自己的孩子。

（8）1990 年 6 月 21 日,伊朗西北部发生 7.3 级地震,造成 5 万人死亡,20 万人受伤,50 万人无家可归。其实,位于欧亚地震带上的伊朗,自 1900 年以来,死亡千人以上的地震已达 10 多次。

（9）1995 年 1 月 17 日,罕见的浩劫又一次降临日本。7.2 级的阪神地震,死亡 6 434 人,受伤 3 万多人,毁掉房屋 10 万多栋,几十万人无家可归。此次地震,直接经济损失超过 960 亿美元。

（10）1999 年是一个地震多发的年份。8 月 17 日,土耳其萨卡里亚省发生 7.8 级地震，死亡 17 890 人，受伤 41 390 人；11 月 12 日，地震再次发生。9 月 21 日，台湾省南投县发生 7.6 级地震。

据媒体报道，由中国地震局地球物理研究所提供的一份关于 20 世纪全球地震灾害的综合报告说："20 世纪的地震灾情，包括人员伤亡和直接经济损失，比以往任何世纪都要严重得多。地震灾情逐渐加重，死亡人数以 10%~300% 的幅度递增，经济损失则以 10 倍乃至 100 倍的幅度增长。"

报告说："20 世纪因地震灾害造成死亡的总人数在 163 万至 175 万之间。死亡人数超过万人的国家和地区共有 19 个。亚洲一直是全球地震的重灾区，灾难性的地震占全世界总数的 70%~80%。而中国，自古以来就是地震最为严重的国家，一直保持着地震死亡人数的世界最高纪录。"

作为一种自然现象，地球上每天都有地震发生，而且有时一天发生 1 万多次。据科学家统计，平均每年约有 1 500 万次地震发生，其中有感地震约 5 万次，能造成破坏的约 1 000 次。研究表明：近 200 年来，全球平均每 6 年就有一座城市毁于自然灾害，而毁城的元凶正是魔鬼般的地震。

1835 年 3 月 4 日，即智利大地震发生海啸的第 13 天，正在环球旅行的英国生物学家达尔文来到了康塞普西翁地区海啸的现场。在游记中,达尔文写下了这样感慨的句子:“人类无数时间和劳动所建树的成绩,只在1分钟内就被毁灭了!”

二

何以在太空遨游的时代,人类对地震却依然恐惧,依然束手无策呢?

早在东汉时期,张衡成功研制候风地动仪,这是人类历史上第一台观测地震的仪器,可以测定地震的发生和方向,张衡因此而被国人和世界所敬仰。然而,它并不能从根本上对地震作出预报,进而减轻地震灾害。

笔者见到过一份令人费解的资料——“魔女预言唐山大地震”。这份资料说:1964年,一个叫珍妮·狄克逊的美国女人称,10年左右,“中国北方一座中等城市毁灭”。魔女的预言,其科学依据又在哪里呢?况且,“具体”得也令人难以置信。

地震形成灾难的原因有很多,尤以下列因素为要。

其一:科学毕竟是发展的,但地震预报依然是世界性的难题。1975年2月4日,辽宁海城7.3级地震预报被当时的中国媒体誉为“一曲震惊世界的凯歌”。海城地震的成功预报开创了人类短临地震预报的先河,使10万余人幸免于难。非常遗憾的是，地震科学家并没能使“偶然”的成功发展到游刃有余的“必然”境界。

其二：不可否认，地震震级高、震中区建筑密度和人口密度大是地震灾难惨重的直接因素。唐山大地震高达7.8级，极震区烈度11度，宏观震中区又恰为建筑密度70%、人口密度每平方千米1.54万人的路南区。同样震级的地震，发生在城市还是村庄，抑或是沙漠和草原，其造成的损失必然有着云泥之别。

其三：没有抗震设防的城市怎能经得起强烈地震力的袭击？唐山大地震发生之前，市区的建筑没有抗震设防设施。美国旧金山大地震损失巨大的原因之一是市内古老建筑与现代楼群混杂，这些建筑几乎没有考虑抗震能力。1992年3月，在土耳其埃尔津詹发生的地震中，也是由于没有执行抗震规范，而在遭到大自然无情的报复后损失惨重。

其四：城市的建筑用地选择不合理是导致灾难惨重的重要因素。唐山大地震发生时，路南区基本建在一条活动断裂带的两侧和沙土液化地段，建筑物损坏极为惨重，人员死亡率高达27.6%，约为全市平均数的2倍；美国旧金山大地震时，建在松散地基上的建筑大都倒塌，价值600万美元的市政府大厦完全被摧毁。

其五:“豆腐渣”工程更是震灾加重的直接原因。前苏联亚美尼亚地震首先震碎的是混凝土筑件本身。1992年10月12日,开罗5.9级中强地震却损失很大,新开罗赫里奥波里斯广场附近一座“干打垒”的14层居民楼顷刻间化为瓦砾;20世纪末台湾大地震,人们从倒塌房屋的梁柱内发现了沙拉油桶以及成捆报纸充作的“钢筋”。

其六:各种次生灾害的发生使得地震灾区雪上加霜。美国旧金山大地震中,全市50多处起火,持续燃烧了3天3夜,火灾所造成的损失比地震破坏的直接损失要大10倍;日本关东大地震,横滨市200多处起火;智利大地震,海啸造成公共工程设施损失达7 000万美元,船运及私人财产损失近3亿美元。

三

新的千年,新的世纪,人类对自己的命运充满信心,对自己居住的地球寄予厚望。世界各国进行防震减灾研究,主要集中在“控制地震”“地震预报”和“抗震救灾”三个方面。

控制地震,即“化大为小”,就是设法使未来可能发生的大地震转化为若干个强度不等的小地震。有科学家研究,设想某一地区今后一个时期内可能发生大地震,采取沿震源断裂两侧一定距离布设深井，通过注水引发小震来释放能量。一个7.0级地震，约需3.6万个不至于造成破坏的4级左右地震，才能将它的能量悉数释放。

地震预报，是根据地震地质、地震活动性、地震前兆异常和环境因素等多种手段的研究，作出可能发生地震的预报。一个准确的短临预报尽管可以大大减轻人员的伤亡，但并不能减轻地震对建筑物和各种设施的破坏，因为房屋、工厂、设备、水库等毕竟不能撤离震区，仍然要实施抗震防灾。辽宁海城地震虽作出短临预报，仍倒塌房屋1 200多万平方米。

地震灾害案例研究表明：地震造成的人员伤亡和经济损失主要是由于房屋、工程设施和设备的倒塌、破坏造成的。为了研究减轻地震灾害的主要途径，竭力进行抗震防灾，人们正在进行着积极的探索。

其一：编制城市抗震防灾规划。这是一个有效防御地震灾害的综合对策，它主要包括：抗震设施区划、避震疏散规划、抗震防灾的生命线工程；工程抗震规划、震前应急准备和震后抢险救灾。按照科学的抗震防灾规划组织实施，就可以大大减轻地震灾害。

其二：城市建设的选址一定要有利于抗震。智利的康塞普西翁市，在200多年中3次毁于地震及其引发的海啸。康城因屡毁屡建,曾被称为"英雄的城市",但这也说明了一个残酷的事实:在不利于抗震的地段进行建设,只能遭到大自然变本加厉的报复。

其三:千方百计确保工程质量。在唐山召开的建筑工程质量会议上,与会者为唐山大地震中遇难的同胞默哀3分钟,其情景让人感到强烈震撼。1999年土耳其地震发生后,警方以玩忽职守罪将其责任人、承包商格切尔等7人逮捕。我们必须确保每一项建设工程的质量,尤其是生命线工程的质量。

其四:推广隔震减震技术。传统建筑抗震设防的目标是"裂而不倒",抵御地震作用立足于"抗"。目前,工程界中最常用的叠层橡胶垫隔震系统,设防策略立足于"隔",采用专门的叠层橡胶垫作为隔震元件,放在建筑物基础与上部结构之间,形成柔性底层以避开地震地面运动的主频带,减免共震效应。

经历无数次灾变的地球,依然在从容地转动着。也许在不远的将来,人类能自如地应对一切不测。

(原载2001年第1期《重庆建筑大学学报》(社科版),副题为入选此书时所加)

面对灾害，我们应更清醒一些

——唐山大地震39周年一个建设工作者的片断思绪

2015年7月28日，是唐山大地震39周年祭日。27年前，笔者曾在《中国建设报》（当时名为《建设报》）发表《她在向你诉说——记唐山抗震纪念碑》一文，记述唐山地震及灾后重建内容之一二。

39年前的那场地震巨灾使正在唐山的怀抱中熟睡的笔者猛然惊醒，也就是从这时起，笔者便开始了漫长的寻觅之旅：地震是什么，人类怎样才能躲避地震灾害？

按照中国灾害社会学、地震社会学奠基人，华北理工大学教授，笔者的“忘年之交”王子平《灾害社会学》一书的说法，所有灾害的共同特征就是威胁到人的正常生存，也即“灾害是人的需要满足过程的非正常中断”。

其破坏后果主要有两种：一个是直接造成人的伤亡；一个是通过破坏生存条件而对人造成损害。后者比较典型的例子是地震灾害。

众所周知，在天地之间形形色色的灾害中，地震灾害为群害之首，堪称“元凶”。

研究表明，全球每年大约发生大小地震 1 500 万次，其中人们能够感觉到的约 5 万次。在这当中，能造成破坏的约 1 000 次，能造成巨大破坏的强烈地震十几次。

一、地震不杀人，是建筑物杀人，这是地震专家和建筑专家达成的一项共识

统计资料表明，世界上 130 次巨大的地震灾害中，90%~95% 的伤亡是建筑物倒塌造成的。实际上，唐山地震中死亡的 24 万人，几乎全部因地震引发的房屋倒塌所致。

在突如其来的地震面前，各种房屋建筑所呈现的“姿态”是有天壤之别的，此类案例，古今中外不胜枚举。这里仅“展示”其中的几个。

首先是笼罩在我们心头挥之不去、时刻引起我们激愤的两片阴霾。

其一：1999 年 9 月 21 日台湾地震中，位于发中的“东势王朝”整栋大楼如同玩具般地倒塌了，38 位居民受困其中，11 人被救出，27 人遭活埋。让搜寻的俄罗斯救援专家感到愕然

的是，在大楼瓷砖脱落的钢筋混凝土墙内，竟然露出大叠成捆的报纸，那些纸张已经发黄。还有人发现，混凝土中填满了一些奇怪的东西——空塑料瓶和金属水桶。

其二：2008 年 5 月 12 日汶川地震，聚源中学两栋教学楼瞬间垮塌，900 多个孩子被埋在里面，有的头跟身子都没有连在一起；但聚源中学周边的楼房并未倒塌。在这座学校的废墟现场，前来救援的国家地震救援队队员难抑愤怒："混凝土里全是铁丝，根本不是什么钢筋！"

接着，是曾经给予我们些许慰藉、常常引起我们振奋的两束阳光。

其一：1976 年 7 月 28 日唐山地震，路南区基本处在一条活动断裂带的两侧和沙土液化地段，人员死亡率高达 27.6%，约为全市平均死亡率的 2 倍。而在路南区所有建筑几乎荡然无存之时，唯有达谢庄小学一栋 3 层教学楼（地处 11 度区内）裂而未倒，这一现象引起专家、学者的充分关注。

人们分析来、研究去，认识终于统一起来了：就在于它的施工质量好。这是唐山市第一栋准装配式房屋，试点工程特别精心，砖墙体和楼房盖施工质量甚好，砌筑砂浆饱满，就连竖缝也有浆。

笔者查阅过有关资料，在最早拟保留的唐山地震遗址中，是包括达谢庄这栋3层教学楼的，想把它“作为抗震研究建筑”，但不知后来为何未作保留。

其二：1939年12月27日，地跨欧亚两洲的“地震大国”土耳其，东部连续发生7次强震，造成5万人死亡，成千上万人受伤或无家可归，80个村庄和十几座城市遭到破坏。

埃尔津詹省城被彻底毁灭。而就在埃尔津詹的废墟上，却有一座特殊的建筑——监狱兀自站立，与整座城市的废墟悄悄对视。原来，为了防止犯人逃跑，这座监狱修建得十分坚固。

监狱的围墙虽然震倒了，狱中关押的囚犯并没有趁机逃跑，他们从瓦砾堆中救出1 000多个受难者，并为这些受难者搭起简陋的棚子……总之，他们成了抗震救灾的主力军。

再有，“和平年代”那些突然发生的坍塌事件，更加引起我们深深的思考。

其一：1996年6月29日，发生在汉城城市中心的三丰百货大楼倒塌事件，造成500多人死亡。20年过去了，这起震惊全球的巨大建筑事故仍让人记忆犹新。

这起事故让背后的丑闻随之揭露。据收审的董事长李樽招供说：1990年3月，在申请百货商店扩大营业面积过程中，他曾向汉城瑞草区李忠雨厅长等8名批准申请的负责人提供了50万到300万韩元不等的贿赂。

为了核对相关数据，笔者找出刊发这一新闻的旧报纸。文中提到："纵观亚洲乃至全球，类似的恶性事件决非韩国一家，塌楼、断桥、火灾的报道屡屡见诸报端。"

其二：2013年4月24日，孟加拉国首都达卡郊区一栋8层大楼坍塌，造成重大人员伤亡。那栋大楼的上层楼面有多家制衣厂、一家银行和众多商店。

坍塌前的一天，这栋楼房已经出现裂缝。当局要求停止使用，禁止人员出入，但制衣厂的厂主却让工人继续工作。事故造成83人死亡，700多人受伤。

建筑物坍塌在孟加拉国时有发生，原因是开发商经常无视政府设立的施工规范。2005年，萨瓦尔镇一家多层楼的制衣厂坍塌，超过70人死亡。

作为全球第二大服装出口国，孟加拉国大约有4 500家制衣厂。许多工厂条件简陋，过度拥挤，事故多发。

二、平凡日子里那些精细与负责的故事，常常会给予我们诸多的借鉴与启示

其一：2010年5月21日《每周文摘》有一则报道——《八十年前的承诺》，要点如下。

三

武汉江滩附近的老城区矗立着一栋栋老建筑，有户人家就住在这儿的一栋两层小楼里。房子为 20 世纪 30 年代初德国人所建，距现在整整 80 年了。

前几天，房主收到一封寄自德国法兰克福的信。信是用中文写的，写信人是这栋老房子的承建商。信中说，这栋老房子的详细资料一直保存在他们的档案室里。信中还说，根据房子的原始设计资料，这栋房子建成满 80 年需要进行一次小型维修。承建商给出了详细维修方案，并且承诺：如果维修到位，再使用 50 年没有任何问题。

80 年的光阴对历史来说不过是一瞬间，可对一个人来说几乎是一辈子。当年修建这栋房子的人大概已经作古，可这并不影响承建商对产品的跟踪服务。有人提出，把自己的产品当成婴儿一般呵护，看起来刻板、不懂变通的德国人做到了这一点。

其二：2015 年 6 月 18 日，笔者从当日的《人民日报》上读到一篇题为《责任的力量能穿透岁月》的文章。现引用该文部分内容，与读者分享一个无名建筑师“平凡的伟大”。

“1985 年，人们发现牛津大学有着 350 年历史的建筑物大礼堂出现了严重的安全问题。经检查，大礼堂的 20 根横梁已经风化腐蚀，必须立即更换。这每一根横梁，都是用巨大的橡木做的。而为了保持大礼堂350年的历史风貌不变，必须用这种橡木更换。这是一个难题：要找到20棵巨大的橡树已属十分不容易。或者有可能找到，但是每一根橡木要花费25万美元。这令牛津大学的领导者一筹莫展。就在此时，校园艺所的人来报告，大礼堂的建筑师早已考虑到后人将会面临的困境，所以当年就请园艺工人在闲置的土地上种了一大批橡树。如今，这批橡树，每一棵的尺寸都已远远超过了做横梁的需要。”

其三：作家何建明在《生命第一——5·12大地震纪实》一书中讲述了一个“豆腐王”的造房逸事。

何建明写道：这场汶川大地震中，在什邡县的蓥华镇，唯一的一栋依山而建、仍然屹立在那里的小楼房，他的主人是本地有名的“豆腐王”。

他做的豆腐卖到成都好多饭店和超市，发了大财。这栋楼是他赚了钱回家盖的，盖房子时，他对包工头说：“你得把我的房子建得结结实实的，任何时候都塌不了。”

包工头笑着说，老子的技术保证没问题，不过要是碰到地震，我可保不了你的房子不塌嘛。主人瞪起眼珠子对包工头说：“老子就是要你盖栋地震都不怕的好房子嘛！”

后来这房子修得真是结实，用了近3年时间才盖好。这回大地震，周围所有的房子都倒塌了，唯有这栋私人小楼毫发未损。

有个词叫“磨洋工”，原指建筑施工中的一道工序，如同“钩心斗角”一样，它是一个被歪曲了的建筑术语。从“慢工出细活”的角度看，“磨洋工”还是挺有道理的。

三、王子平教授在《灾害社会学》一书中指出，在灾害与人之间，存在着一种“双向双效关系”

一方面，灾害既会造成对人的伤害，又会在事实上锻炼人，使人成熟起来；另一方面，人为生存而与灾害进行抗争，同时却由于自私和短见而加剧灾害，从而危害自己。

在这里，仅以邢台和唐山两次地震为例，分析这“一方面”的问题，“另一方面”的问题此处从略。

1966 年邢台地震，受灾面积达 100 多个县，共死亡 8 000 多人，3.8 万多人受伤，其中重伤 9 000 多人。

然而，中国农房的抗震工作正是从邢台地震开始的。地震重建的“邢台经验”，主要是因地制宜、就地取材，具有农村特点。

最为著名的是在重建中体现了“四个一点”，即“地基牢一点、房屋矮一点、连接好一点、屋顶轻一点”。

后来，人们以此为蓝本，将农村房屋抗震归纳为：提倡“房屋矮一点，开间、门窗洞小一点；房顶轻一点，基础深一点；建筑平面规整一点，墙体实一点；砖、砂浆标号高一点，连接牢一点”。

1976年唐山地震，是20世纪全球最大的地震劫难，是此前400多年世界地震史上最悲惨的一页，不仅使唐山遭到毁灭性的破坏，而且波及京津广大地区，共造成242 419人死亡，164 581人重伤。

然而，也正是在唐山地震的废墟上，一个又一个伟大的奇迹、一项又一项具有世界意义的成果于世人惊奇的瞩目中诞生了。此处仅举几例。

其一：建成了一座地震前无法比拟的城市。唐山大地震10周年时，新唐山巍然屹立在世界的东方，这正如中共唐山市委、唐山市人民政府《关于唐山恢复重建情况的汇报》中指出的：

“一座功能分区明确，布局比较合理，市政建设比较配套，抗震性能良好，生产生活方便，环境比较优美的新型城市基本建成。”

完全可以说，没有旧唐山的毁灭，就没有新唐山的崛起。

其二：在同地震灾害斗争的过程中，唐山人民铸就了“公而忘私、患难与共、百折不挠、勇往直前”的伟大抗震精神。

公而忘私,就是勇于牺牲、甘于奉献;患难与共,就是心系群众、同甘共苦;百折不挠,就是知难而进、奋力拼搏;勇往直前,就是负重奋进、敢于争先。穿越时空、照亮未来的抗震精神是中华民族精神的重要体现。

其三:选取了抗震性能良好的建筑结构形式。唐山震后重建开了建筑结构抗震之先河。住宅建筑主要有“内浇外挂”“内浇外砌”“砖混加构造柱”等结构形式。

砖混式结构的建筑采用构造柱,这是唐山对国家建筑抗震设计规范作出的贡献。它是在砖墙身中加钢筋混凝土现浇构造柱,每层设计封闭混凝土圈梁,与构造柱连成一体。

在中国,真正的建筑抗震设计规范或者标准,是人们在唐山地震废墟上重建家园的点点滴滴中不断探索和总结的。

其四:在经历了造成巨大灾难的地震后,唐山人逐渐形成了科学的地震灾害观,在地震废墟上诞生了中国“地震社会学”和中国“灾害社会学”。

这正如王子平教授在接受《中国经济时报》记者采访时所说的:“新唐山人”科学的地震灾害观,可以用三句话来概括:“地震是可怕的灾害;地震发生时人并非完全无能为力;减轻地震时人员伤亡的关键,是用科学知识武装人们。”

英国科学家波力奥在其主编的《理解灾变》一书中强调："地球主要以地震和飓风等自然灾害形式来展现它的力量，即使在今天，它们对人类也会产生破坏性影响。从此种意义上讲，地震是激励人们探索地球奥秘的主要动力。"

（原载 2015 年 7 月 14 日《中国建设报》）

回眸震后之简易城市

——那些“桥梁”承载了什么？

地震一次次摧毁人们的家。归零之后，建设一个新的家园绝非朝夕之功，需要一个相对漫长的过程。

按照当今世界震后重建的主流模式，自震灾呈现至重建完成，其间应该是建造一座“桥”的，经由这座“桥”到达理想的彼岸。

一

让我们先看邢台地震。对于邢台，笔者还有一个愿望尚未实现，就是瞻仰邢台地震纪念碑，它耸立在隆尧县的城内，系邢台震灾惨重之地。

1966 年 3 月 8 日，隆尧县发生 6.8 级地震；22 日，宁晋县东南发生 7.2 级地震。3 月 8 日至 29 日的 22 天时间里，邢台地区共发生 5 次 6 级以上地震。

这一震群统称为邢台地震。邢台地震造成重大人员伤亡、房屋毁坏，264 万人无家可归。

邢台震后的重建工作是分三步进行的。

第一步，搭建防震棚，即临时窝棚，躲避风寒、抢救伤员……简易城市与村庄是座“桥”，窝棚城市与窝棚村庄即是桥头的引道。

据1993年3月出版的《邢台地震对策及其社会学研究》一书记载：“邢台、衡水、石家庄三个地区，震后至4月10日共搭建防震棚120多万间。其主力是人民解放军，其搭建防震棚55.2万间。”

第二步，建造简易房和修复旧房。简易房要求“四防”（防震、防寒、防雨、防潮）、“四有”（有门窗、有炕或床、有过道和放东西处），解决灾民度夏防汛、越冬防寒。历时1月左右，受灾群众生活相对转入正常。

《邢台地震对策及其社会学研究》一书记载：“邢台、衡水、石家庄、邯郸四个地区，应建简易房95万间，4月27日已建成61.7万间，占计划总数的65%。”

初期建造的简易房约有一半达不到“四防”要求，后经组织观摩先进做法，建造质量大大提高。其主力还是人民解放军，参与建造活动占80%以上。

建造简易房建材的主要来源有：就地挖掘、国家支援、互助互济。

第三步，统一规划，建设永久性住房。这是为了实现建设新的家园的目标。

笔者之所以将邢台震后“盖房”作如此记述，是因为后来的唐山及汶川重建，单就其重建的阶段性而言，与邢台地震重建并无二致，故详前略后。

所不同的是，邢台与唐山重建在政治、经济、社会背景，尤其是在国力水平上，与汶川重建不可同日而语。背景基本接近的邢台、唐山震后建“桥”，与汶川震后建“桥”有着本质的区别。

二

关于唐山震后的“窝棚城市”与“简易城市”，笔者曾在不同的著述中作过分析，此处自然亦不能“缺席”。

1976年唐山7.8级地震过后，废墟上出现了一座形形色色的“窝棚城市”。

为了有个栖身之所，灾区的人们用旧木杆、席子、破旧油毡、塑料布等支起了临时窝棚。救灾部队抵唐，又帮助少数孤老伤残者搭建了一些，并向厂矿、机关单位提供了部分帆布帐篷。

唐山与邢台震后一样，大灾之后不同家庭、不同性别、不同年龄的人同住一棚,并非罕见之事。“窝棚城市”存在3月有余,保护灾区的人们度过了炎热多雨的夏季。

地震之时,笔者住在距震中不足百千米的乡下,遭遇虽不像唐山,“窝棚村庄”却也如雨后春笋般诞生。人们不敢进入震裂、倾塌的房间,只能在匆忙搭成、形似瓜铺的窝棚里过活。

所谓“桥”的形成,自然是在它们之后了。废墟上出现的第二座城市,即是“简易城市”。它既是窝棚城市的提升,也是新生城市的前奏,承上启下,堪称“桥梁”。

在全国各地支援和人民解放军的帮助下,灾区人民创造性地建造简易房。其24字方针是:发动群众、依靠集体、自力更生、就地取材、因陋就简、逐步完善。

在唐山市和各县城实行全面规划、合理布局。样式、规格、质量、地点均作统一要求,防止盲目乱建;主要街道房屋,特别是商店、共用建筑要注意市容;为了保障交通,建房时要留出一定的街道宽度。

救灾部队每天出动6万多人建房,自9月中旬至11月15日,唐山市区共建造35.1万间。每户受灾群众都有了一间约20平方米的住房,震后第一个冬天的居住有了着落。

若按当时的行政区划计算,整个唐山地区共建造简易房187.9万间。据1977年统计,唐山地震波及区天津市,也有居民简易房20多万间。

唐山市的简易房基本做到了“五防”，即防震、防雨、防风、防寒、防火。曾有一首打油诗描绘当时的情形：“登上凤凰山，低头看唐山，遍地简易房，砖头压油毡。”简易房的存在，有的两三年，有的则达10多年。

那一年，笔者蹑手蹑脚地前往唐山报到，在简易房一住就是3年多。一次，父母去外地探亲路过唐山，母亲透过车窗看了又看，疑惑地对父亲说：“唐山不是一座‘城市’吗，咋会这样呢？”

唐山的实践提醒人们，地震之后简易房——过渡安置房的选址，要在确保安全的基础上尽量占用一些废弃土地和空旷地带，把将来可能用于集中建设的土地保留下来。这样做才能在建设永久性住房时减少用地冲突。

唐山市规划局原副局长赵振中，因在唐山地震时遭受埋压，曾被吴良镛院士幽默地称为“出土文物”。后来，他在唐山市建设指挥部工作过。

汶川地震发生后，赵振中在接受记者采访时说：“临时性住房一定要避开正式住房用地。”众人皆知，“搬迁倒面”是影响唐山重建最重要的因素之一。

三

在唐山与汶川这两次大地震的中间，曾经出现过若干次地震灾害。现举两例河北震事及其建“桥”经过。

其一：1989年10月，山西大同阳高6.1级震群型地震，波及邻近震中的河北阳原和蔚县。距震中仅几千米、烈度为7度的阳原县东井集乡的几个村庄，破坏尤为严重。

居住问题是阳原灾区面临的头等大事，群众先是因陋就简搭了些草窝棚住，到10月27日，有近18万人住在4万多间草窝棚里。除了县城3万多人住的草窝棚可以取暖，其余的既不防风亦无法保暖。

于是县委、县政府推广了一种半地下式、通过火炕取暖的新型防震棚（即本文所称“简易房”）。到11月底，已有9 133户搭建8 923个防震棚，初步解决了灾民的居住问题。

1996年7月出版的《河北省震灾社会调查》一书，对此详解如下：“先挖深1米、长3米、宽2米的长方形土炕，然后用土坯、炕板垒成火炕，留好烟囱；在土炕四角立栽四根土椽，椽与椽之间再横绑四根椽，四周用葵花杆挡住，里外用泥抹严，装好门窗；其外形像缩小了的普通民房，……”

其二：1998年1月，一场6.2级地震使河北张北、尚义两县损失巨大。这是两个地处塞北的贫困县,受灾严重的乡村断壁残垣、废墟累累;轻一些的房屋裂缝滋生,随时有可能轰然坍塌。

此次地震致使 50 人死亡, 10.4 万间房屋倒塌, 13.7 万间严重破坏。在高寒地带的冬日,5 万多人无家可归。

人们搭起了勉强容身的窝棚,但对抵御零下 20 多摄氏度的严寒无济于事。有的人,干脆就坐在火堆旁熬过寒夜。在灾区,因受寒而生病者与日俱增。

万分焦急的人们先后出了几种"筑巢"方案:建地下式的简易房,但冻土层太深,挖不下去;浇水筑墙建造冰屋,但化冻即不能再用,且震区极为缺水;搭建三脚架式窝棚,但空间太小不宜长期居住。

最终获得通过的是搭建保暖简易房的设计方案,即以木材为框架搭建简易木板房,加盖油毡、草帘等保温材料,再用砖砌上 1 米多高的低矮围墙。

这种房子安全、保暖,搭建起来简易、快捷,还可以就地取材。第一个样板房,就在遭受重创的张北县海流图乡十字街村建造而成。继而又在 11 个受灾较为严重的村子分别搭建了此类样板房。张家口市有关部门则拿出了比较详细的搭建技术要求。

有了示范带动，有了技术指引，依靠人民解放军和灾区人民共同奋战，震后第9天即建造完成1万余间。震区最低气温虽然降至零下32摄氏度，但灾区的人们基本上搬进了保暖简易房这个新的家。

四

2008年5月12日，汶川8.0级毁灭性地震发生后，全球的目光一起投向了中国，他们在审视着那个被毁灭的巴蜀之地。

美联社四川安县5月20日电：中国今天在努力应对地震灾害带来的下一项艰巨任务，如何为500万无家可归者提供庇护所。

美国《亚洲华尔街日报》5月21日报道：汶川大地震已造成世界近代最大的灾民危机，估计现在有500万无家可归者。

路透社成都5月21日电：官员说，总共需要300万顶帐篷来容纳在5月12日四川大地震后无家可归的民众。

法新社四川绵竹5月21电：在救助无家可归者的战役中，中国显得更加开放。

香港《南华早报》5月21日报道：对北京来说，更大的挑战在于及时安置500多万幸存者所需的先进管理和协调技巧。

邢台、唐山震后的“窝棚城市”与“窝棚村庄”被汶川震后的“帐篷城市”与“帐篷村庄”所取代。据《河北省震灾社会调查》一书记载：“唐山市震后初期住帐篷的仅占14.5%，救灾队伍进驻之前也大多住窝棚。”

无疑，这是人类历史的一个进步。汶川震后，帐篷成为受灾群众遮风挡雨的临时住所，需求量巨大，以至于努力生产出更多高质量的帐篷，就是对受灾群众的最大关爱，就是对抗震救灾的最大支持。

然而，“帐篷城市”与“帐篷村庄”亦不能成为迈向新生城市的“桥”。那座“桥”，叫作“过渡安置房”。从“帐篷生活”到“板房人家”——过渡安置房，既是安置条件的重大变化，更是群众生活走向相对从容的巨大进步。

2008年5月21日，住建部颁布《地震灾区过渡安置房建设技术导则》（试行）。2008年6月8日，《汶川地震灾后恢复重建条例》公布施行，《条例》单设“过渡性安置”一章规定：

“临时住所可以采用帐篷、篷布房，有条件的也可以采用简易住房、活动板房。”要求“确保简易住房、活动板房的安全质量和抗震性能”等。

《导则》(试行)要求:“安置住房每套建筑面积控制在15~22平方米;开间3.3~33.7米,进深5.0~5.8米;室内最低点净高2.4米;自然采光面积大于或等于3平方米,自然通风面积大于或等于1平方米;宜南向开门,门上宜设雨篷……”

一个《导则》(试行),一个《条例》,一个技术支撑,一个法规保证,为汶川震后的建“桥”事业插上了一双强劲的翅膀。

2008年5月27日,都江堰市幸福家园受灾群众安置点,首批受灾群众入住过渡安置房:彩钢过渡安置房户型约20平方米,适宜3口之家临时居住,室内有政府统一配置的床以及简易家用物品。

在安置点内,每50户建有男女厕所各1个,男女浴室各1个,还建有大食堂、赈灾学校、医疗点、警务室、居委会、幼儿园、心理关怀站等,基本形成了一个适宜居住的小社区。这些,令当年的邢台人和唐山人惊羡不已。

五

在写作此文之前,笔者仔细盘点过泱泱中华苦难的地震史,那难言的沉重思绪,在90多年前和400多年前的两件震事上久久徘徊。

1920年12月,一场8.5级环球大震降临宁夏海原,极震区“山崩地裂,河流壅塞,交通断绝,房屋倒塌,尸殍遍野,人烟断绝”,地震致23.41万人死亡。寒冬季节,灾民无衣、无食、无住,冻馁、疾病夺去那么多人的生命。

1556年1月,同样是在一个寒冬季节,陕西华县8级地震造成的人员伤亡在全球地震史上绝无仅有。明史《嘉靖实录》记载:“压死官吏军民,奏报有名者八十三万有奇……其不知名未经奏报者复不可数计。”

上述两次地震之所以如此惨烈,倘若刨除其他因素的影响,在抗御巨灾能力有限这一总的概括中,简易房或曰过渡安置房的缺位,恐怕也是非常重要的因素之一。

在写作此文之前,笔者多次翻阅记载国外地震的书籍和报刊,想从中寻找一些关于建“桥”的记述,看一看重生之前的城市或者村庄,如何居住。

中国的东邻日本,建“桥”的模式比较独特,与中国是有所区别的。

据媒体报道:1995年1月阪神地震,造成6 434人死亡,重伤1万多人,超过50万户住宅遭到不同程度的损坏。

震后,他们搭建了“应急临时住宅”约5万户。所谓应急临时住宅,是指因自然灾害失去住房的人重建或搬入新住房之前的住房。

这种房子，标准间是两个房间，内有厨房、洗澡间和厕所等，房租免费，水电费由个人负担。相关调查结果显示：

地震当晚，按住地的多少排序，依次为自己家里、避难所、亲戚家、公司设施、朋友家等。

震后 40 天时，70% 自助（自己解决）、20% 共助（利用企业住房）、10% 公助（在公共设施的避难所避难）。

两个月后，近 80% 的人回到自家居住，在避难所生活的只有 3%。

一年过后，近 90% 的受灾者回到自家住房，住在临时住房的人不到 2%。

而美国、伊朗等国则开创了一个与上述不一样的建“桥”模式。

1997 年，美国加州政府在总结洛杉矶重建经验时，提出了一项重要建议：减少修建临时避难所和过渡安置房，直接为受灾居民修建永久性简易住房，让他们能更迅速地回归“正常”。

2003 年，伊朗巴姆地震时，60% 的房屋被毁。灾区建造了大量永久性简易住房，主要考虑到：受灾居民最需要的是快速重建家园，而灾后住房补助不等于住房供应，免得那些经济弱势的居民无力重建住房。

放眼世界，论及地震巨灾与重建之间建“桥”的功夫，还数中国。回眸那些作为特定文化符号、承载诸多生命故事的“桥梁”——早已消逝的简易城市与简易村庄，笔者内心的感慨竟不知如何表达。

（原载 2015 年 8 月 11 日《中国建设报》）

要把我们的城市建在安全岛上

——关于城市与建筑选址的记述及启迪

1991年11月由地震出版社出版的《城市地震对策》一书指出:“要使新建工程能够确有成效地减轻以至避免地震灾害,必须把握住选址、设计、施工三个环节。”

新建工程抗震设防的第一个环节是选址,即:“选择地震危险性较小的地区或地段新建工程。这在减轻地震灾害的措施中,或许是效果又好又最经济的。”

一、笔者所见描述震害与场地环境、地基条件相关的文章,几乎都提到墨西哥城惨遭破坏的震例

1985年9月19日,太平洋墨西哥西海岸发生8.1级地震,继而又接连遭到7.6级、6.5级、5.5级等38次强余震的袭击。

地震摧毁了东南400千米处的墨西哥城,造成死亡3.5万人。距离震中100千米左右的格雷罗州、米却肯州沿海城镇的震害,反而并不怎么严重。

仅就墨西哥城而言,震害集中在城市最中心的区域,其他地区的震害较轻。在此次地震之前,墨西哥城就曾多次遭受地震长距离效应的破坏。

墨西哥城位于海拔 2 000 多米的中央高原,其繁华的“心脏地区”在约 400 年前曾经是一个湖泊,墨西哥城建在了填埋之后的湖泊上面。

观其险境,正如地震专家、建筑专家所言:这座城市就是建在“一大盆肉皮冻”上,它就是一座这样建设、发展起来的现代化城市。

专家认为,墨西哥城遭受地震长距离效应的破坏,主要元凶是其“肉冻”般的湖积层地基,这里的“风水”,实在是过于糟糕。当然,这也与震中向墨西哥城释放的能量最大相关。

二、城市或建筑物建在古河道及松软的土地上,在地震时毁于一旦的例子许多许多

1960 年 2 月 29 日,摩洛哥艾加迪尔在一次 5.8 级地震中毁于一旦。旧区所有建筑倒塌,新区 80% 以上商业旅游建筑毁坏,居民住宅区房屋几乎全部破坏。

地震时还引发了火灾和海啸。小城艾加迪尔总共才 3.3 万人,此次震亡 1.2 万人,伤 1.3 万人,伤亡度高达 75.76%。

专家认为，一次中强地震造成上述惨重灾难，自然有震源浅（3千米）、地震发生在午夜、城区距离震中近等因素，但最主要的还是城市场地条件太差。

这个艾加迪尔，建在了易产生地基失效造成重灾的断层交叉处和软弱的河滩上。

1989年10月17日，美国旧金山7.1级地震时，建在海湾淤泥填土松软地基上的楼房，并没有因抗震结构良好而挺立，却因地基沙土液化失效而严重前倾。

同一个道理致使双层公路桥塌落1.2千米，而建筑在坚硬沉积层上的桥墩却安然无恙。

据相关部门调查，在2008年5月12日汶川地震中，因映秀镇建在岷江河滩松散的堆积物上，由于场地效应和地基失效使破坏加剧，一些建筑物遭到地表开裂、地基液化、震陷的破坏。

三、唐山，就是一座因城市选址差而又无抗震设防，在地震中惨遭厄运的案例

1986年7月地震出版社出版的《瞬间与十年——唐山地震始末》一书指出，美丽富饶的冀东大地并不平静："地下构造十分复杂，而且现代构造运动也十分激烈。"

该书指出:“翻开大地的史册,唐山地区的山山水水都留下了地壳变化的痕迹。”

同年9月出版的《唐山地震之谜》一书告诉人们:“在1976年形成的地面裂缝带上(市十中、市畜产公司牛马库和礼尚庄东),发现两次古地震遗迹,在唐山外围也相应发现了一次古地震遗迹。分别发生于距今7 660余年和1.48万余年。”

震前的唐山是随着开滦煤矿的采掘而发展起来的,大部分建筑集中在矿区附近,坐落在活动断裂带上,是一座极具潜在危险的城市。这一点,是在震后才较好地认识到的。

1976年7月28日唐山地震,处于宏观震中、极震区烈度为11度的路南区,震后一片瓦砾。

这除了城市建筑无抗震设防外,另一个重要的原因就是:城市建设布局和建筑用地选择不合理,缺乏可靠的地震地质和工程地质资料。

地震前路南区的建筑基本处在一条活动断裂带的两侧和沙土液化地段。断裂带呈西南—东北走向,一直延伸到东矿区(今古冶区)。

新唐山的规划建设,开始是要放弃路南区的,可是后来却没有能够实现。

四、因为选址不当而又无抗震设防，在地震中惨遭厄运的例子又岂止一个唐山

1906年4月18日，美国西海岸的旧金山发生8.25级地震。地震虽然开始时震动较轻，约40多秒后才达到最高峰，使大多数人在惊慌中跑出户外，但地震造成的财产损失却十分巨大。

发生在99年前的这次大地震，为人们留下的教训之一即是选址问题，包括地下断裂带和沙土液化。因地震闻名于世的旧金山市，位于美国著名大活动断裂带——圣安德烈斯断层附近。

还有，该市码头四周的许多建筑物，建在了早已干涸、长久被当作垃圾堆的沼泽地带上。该市大部分地区位于海滨地带，地下多是饱含水的松散沉积物，在地震时普遍发生沙土液化。

2003年12月26日，伊朗东南部巴姆市的6.3级（伊朗地震台网测定）地震，造成了数万人伤亡。当年12月30日，《人民日报》题为《伊朗地震为何伤亡惨重》的文章指出："极震区主要为新第三纪以来的松散沉积物……"

据史料记载：1556年1月23日，关中东部的华县发生8

级地震，地震波震撼了大半个中国，“压死官吏军民，奏报有名者八十三万有奇……其不知名未经奏报者复不可数计”，黄土滑坡在这次震害中“贡献”不小。

1966年3月8日至22日，邢台地震重灾区的建设场地即属于洼地一带，较大的有宁晋泊和大陆泽，分布在宁晋、隆尧、任县境内。

中国科学院的考察结果认为：建筑物破坏除了受建筑物本身结构的影响，还受到古河道、近地表饱水粉细砂层……等的影响。

1998年1月10日，发生在张家口市张北、尚义两县之间的6.2级地震，凡位于条状突出的山嘴、孤立的山包、条状的山脊、基岩出露的地段、高坡上的村庄，震害均明显加重，房屋倒塌也比较多。

五、伟大的进化论者达尔文的一番感慨，让人们更加难忘康塞普西翁这座屡毁屡建、多灾多难的城市

智利的康塞普西翁城址，处于环太平洋地震带最活跃的地方，为此多次受到了毁灭性的打击。1751年，康城附近发生地震，大量海水冲入市区，这座城市被摧毁了。

1754年，稍稍挪动了一个位置，重建了一个新的康城。

然而，1835年又一次地震使康城遭到完全毁灭。这次震灾之后，又在原址上进行重建。

1939年，该城又遭到7.8级地震的袭击，这次地震的震中烈度达9度，死亡4万人（一说2.8万人），整座城市又被摧毁。

就这样，康城在不到300年的时间里发生过多次8级以上地震，它也几次在大地的撕裂中被毁。

1835年3月4日，正在做环球科学考察的达尔文来到了南美洲滨海城市康塞普西翁。可是，就在13天之前，经过地震浩劫的康城已名存实亡。面对地震所展示的巨大威力和无比残暴，达尔文在日记中写下了这样的句子：

“人类无数时间和劳动所建树的成绩，只在一分钟之内就被毁灭了。可是，我对受难者的同情，比另外一种感觉似乎淡薄些，就是那种被这往往要几个世纪才能完成，而现在一分钟就做到了的变动的情景所引起的惊愕的感觉……”

六、基于 1755 年 11 月葡萄牙首都里斯本地震（震级 8 级左右），以及此次震后欧洲余震不断，德国哲学家康德据此写下数篇有关地震的短文

康德还提出了一个聪明的建议："屋舍不应沿着山脉或河流的走向建筑……"

此次地震发生在距里斯本几十千米的大西洋海底，欧洲及非洲的广大地区受损，共致 10 万余人死亡。

就在 1985 年 9 月 19 日墨西哥西海岸发生地震，墨西哥城遭受严重毁坏的时刻，墨西哥城内的一座建筑却巍然挺立。

距那次地震多年之后，笔者从 2008 年 6 月 23 日《人民日报》上读到了以下的文字：

"最令墨西哥人骄傲的是，大灾过后的 1986 年，世界杯足球赛如期在墨西哥城阿兹特克体育场举行。用 11 万吨钢筋混凝土浇筑而成的体育场建立在死火山岩层上，坚固的结构扛住了大地震的强大破坏力。而马拉多纳的'上帝之手'和'世纪进球'也正是在此次世界杯足球赛中产生的。"

七、大自然警告人们：作为人类文明的城市及其建筑，要尽可能地远离和避开一些什么

诸如，远离活动断裂带和高烈度区；避开大面积的饱和及可能液化沙土的地区；避开可能产生震陷的松软土基地区和古河道；避开强震时可能产生边坡滑移、地裂的地区等等。

笔者从1999年12月21日新闻媒体获悉："饱受地震困扰，日本计划在下世纪初迁都。他们已经确定4个地区作为新首都的选址，分别是：福岛县的阿武隈和木历木县的那须；山支阜县的东浓和爱知县的西三河北部；茨城县中北部；京都府的三重畿央。迁都审议会定于今天将候选区的名单呈递给首相小渊惠三，如果候选新首都选址报告获内阁批准，将于明年提交国会讨论，并由后者决定是否迁都。"

笔者观察了这些年，尚未得到东京迁都的下文。2011年3月的一天，全球人忽然议论起一件事情：日本发生了9级强烈地震，并且引发了骇人的海啸，紧接着便是久久难以平息的核泄漏。

八、有一个叫伍德(Wood)的美国人,较早地详细研究了场地土对于震害的影响

对1906年旧金山大地震在市区的震害调查之后,他发现了:

位于坚硬岩石、砂岩、岩石上薄土层的建筑与位于砂、冲击层、人工填土以及沼泽沉积层上的建筑,震害差异很大。

1923年日本关东大地震后,专家调查了三种地基上房屋的震害:

其一,河流三角洲、淹没盆地、填充的咸水湖、泥质冲击层以及回填土;

其二,沿岸沙丘、海滩、沙洲、河漫滩以及洪积火山岩层;

其三,坚硬的第三纪地层、致密的砾岩以及岩石。

它们的震害程度有着很大的差别。上述第一类场地上的木结构房屋震害要比第三类严重好几倍。

在这篇文章的结尾,笔者将一个自己熟悉的有关唐山的例子放在这里:

1976年唐山地震中,路南、路北两区的房屋建筑均已成为残垣断壁。离路南区不远,位于路北区的大城山,在受到同样地震影响的情况下,房屋倒塌率只有12%。

人们在震后调查时发现，路南、路北两区位于活动断层上。而大城山一带的地层却是由基岩组成的，那里的地基坚固、完整。

对于一座城市或一座建筑而言，大地并非都是那么可靠。正因如此，我们甚至可以说：如何选择建筑的地基和场地，是一项事关人类生命的重大事情，要把我们的城市建在“安全岛”上。

（原载 2015 年 7 月 30 日《中国建设报》）

四

废墟上走出的
中国灾害社会学第一人
——记我国灾害社会学、地震社会学奠基人王子平

在中国灾害社会学、地震社会学两个学术领域，王子平教授所取得的成就，他人可以超越却无法取代，更无法忽视。

——题记

2006年，唐山大地震30周年之际，新华网河北频道专版《唐山大地震给人类留下了什么》有言：

“中国诞生了‘地震社会学’，为解决全球城市化进程中面临的日益严峻的灾害问题，奠定了理论基础，提供了成功的防灾范例。”

新华社等媒体还称：“唐山成为中国地震社会学研究的‘摇篮’。”

现年82岁的王子平教授，因最早用社会学的理论和方法研究地震及一般灾害，从而建立起中国地震社会学、灾害社会

学两大新兴学科的理论体系，被新华社等传媒及学界誉为中国灾害社会学、地震社会学奠基人。

1934年6月，王子平生于河北望都一个农家。1958年他毕业于中国人民大学，被分配到设在天津的河北财经学院任教。1970年调入开滦马家沟煤矿。1980年调入河北矿冶学院（现华北理工大学）得以重返讲坛。

他的学术成就是多方面的，其中声誉最高、影响最大的是对于灾害社会学及地震社会学的研究成果。代表性著作有《瞬间与十年——唐山地震始末》《地震社会学初探》《地震文化与社会发展——新唐山崛起给人们的启示》《灾害社会学》，以及大型调研报告《唐山地震灾区社会恢复与社会问题研究》《河北省震灾社会调查》。

他的《灾害社会学》荣获第十二届中国图书奖，《劳动社会学概论》《地震社会学初探》《资源论》依次荣获河北省第一届、第三届、第八届社会科学研究优秀成果专著类一等奖。这4部专著，均系中国该领域填补空白的“拓荒”之作。

他是国务院政府特殊津贴获得者，并被中共河北省委、省人民政府联合命名为省管优秀专家。2009年，被中共河北省委、省人民政府授予“关心下一代工作先进个人”称号；2011年，被教育部授予“全国教育系统关心下一代工作先进工作者”称号。

本文所记述的是王子平教授在灾害社会学、地震社会学两个学术领域所付出的艰苦努力和取得的骄人成就。

一、亲历巨灾，深刻体悟自然

1976年7月28日凌晨3点42分，在人类居住的星球上发生了一场千古罕见的巨大震颤。这场7.8级唐山大地震成为王子平从事地震社会学、灾害社会学研究的直接导因。

从唐山大地震的废墟出发，王子平奉献了3部标志性专著，迈上了3个令人仰慕的台阶。

（一）

在唐山大地震中，王子平一家6口（岳母、夫妇、3个孩子）平安渡过了置24万多人于非命的地震灾难。

王子平认为，短暂的人生旅途中能遇到几百年才发生一次的唐山大地震，而如大难不死、幸存下来，那将成为一种珍贵的人生经历，并可转化为精神财富和力量。

正因如此，王子平说，这次经历对于他后来从事学术研究尤其是地震社会学、灾害社会学的研究，或许可以称作一种幸运。

那是一个迷雾般的夜晚，预示着不测的凶险。他和妻子，在院子坐到大约 11 点多钟才回到屋里，好不容易睡下。

酣睡之际，王子平被大地的剧烈颠簸和震动惊醒。他边喊边推醒妻子："地震了，地震了！"连忙从炕上跳下地，想到另一间屋子喊醒岳母和 3 个孩子。

他终于扶到了门框，那门框却在剧烈地东摇西晃，倾斜的角度达三四十度。还没来得及迈出屋门，一个强烈的震波将他颠起，而后重重地摔在外屋地上……

就在摔倒的一刹那，他发现天空亮得出奇，同时听到了天地撕裂、房倒屋塌的轰鸣声。他意识到，这下完了。

大地继续摇晃、颠簸了若干次，待平静下来时，他家的房竟没有倒塌。他急忙爬到大屋，见岳母正紧紧地把 3 个孩子搂在怀中。

他抱起小女儿、拉着两个大孩子，和岳母一起从窗户逃到院子，又从倒塌在院子里的小屋废墟上，逃到房屋西面的平地上。妻子也从房中逃了出来。

那儿聚集了许多人。人们大都是半裸着身子，从废墟中慌忙逃出来的。王子平抬头望天，天色黑沉沉的，不时又下起雨来。

（二）

王子平还有一次奇异的经历，就是见证了当天下午 6 点

45 分的 7.1 级强余震的发生。时至今日,他仍感慨道:“这是真正的、令人战栗的自然奇观。”这次经历,改变了他的自然观。对此,他有过如下记述:

“地震当天下午,我和妻子在距离住房数十米的‘大沟’边上搭建一家人可以暂避风雨的窝棚。所谓‘大沟’是指因居民采取石料而在山梁处挖掘出的一条长达数百米、宽约 200 来米,深可达数十米的沟壑。

“大沟的南边是一大片矿工住的平房,这时已经是废墟一片,死亡不少人。沟的北侧是我所在的那数排住房,再下面就是马家沟煤矿。我搭建窝棚的地方是大沟北侧的最高处,由这里向西北望去,是开阔的田野,可以看到伸延远去的大地以及村庄。

“我和妻子正在搭建窝棚时,忽然大地伴随着隆隆声颤动起来。我连忙站稳脚跟,手抓住木杆,眼睛不由自主地向西北远方望去。只见这时,大地地表如同大海波浪那样,剧烈地起伏、动荡、摇晃起来。

“震波高处大约相当于平房屋顶,因为是遥遥望去,那实际肯定比印象中的高度还要高许多,事后想来,恐怕会有 3~5 米。就在大地地表起伏动荡的同时,村庄、道路、树木、厂矿建筑、居民住房等一切地表上的有形物质,都如同大海波涛上的船舶、漂浮物，摇晃、摆动、颠簸起来。

“动荡的方向是随着震波的起伏，起而后落、前伏而后仰、时而高耸时而低落，伴随震波呈现着有规律的动荡。”

下面的文字，是他对于地震巨灾的惊骇，是他对于“天人关系”认知的颠覆性改变：

“人是地球表面上生存的生物，大地是安身立命之所，大地在人们心目中历来是坚如磐石的。人们极难有机会经历或目睹脚下大地如此颠簸摇晃，那情形实在让人心惊肉跳，魂飞魄散。

“震波是地震当时许多人不曾眼见目睹的自然奇观。我之所以如此真切地目睹了这一情景，有几个条件：一则当时是白天，而非晚上；再则我处在高处，眼前没有遮拦，可以望到遥远地方；三是我自己没有因为大地的颠簸、震荡而心神慌乱，能够镇静地观察地表运动。

“我当时的唯一意识就是太可怕了，大自然的巨大威力是人无论如何都难以抗拒的。这使我对自然和人的关系认识，陡然之间发生了一个转折性的改变。这一改变在我后来的地震灾害研究成果中有明确反映。

“凌晨死亡线上刻骨铭心的经历，黄昏时分又目睹大地震颤波涛般起伏的骇人景象，使我对几十年中所受有关天人关系的教育和所获得的知识，一下子发生了颠覆性改变。这一改变，直接地为后来的灾害研究奠定了一个坚实而宽厚的基础……”

王子平回忆说，唐山大地震用毁灭、鲜血、死亡告诫人类：“对大自然不可、不要、不能心存轻慢。人们首先和必须要做的是，对大自然要恭敬、畏惧、收敛。在大自然面前，人其实是很渺小的。”

基于这样的认识，加上后来的研究与思考，王子平在他主编的《瞬间与十年——唐山地震始末》(地震出版社，1986年版)一书的结束语中，写下了如下的话：

“如同唐山大地震这样巨大的天灾，作为一种自然现象，在一个相当长的时间内，人们是无力或无法对其控制的。它一旦发生，必然地给人们造成灾难：人口伤亡，财产损失，人们的生存条件摧毁，等等。在这个方面，人几乎是完全被动的。

“过分夸大人的力量，不适宜而且有害。它会造成人的一种盲目自信，形成一种错觉，似乎人可以超越于自然之上、之外。这不符合迄今为止的人类历史的实际。它将解除人在天灾面前的思想上的武装，其结果只能导致灾变后的更大损失。”

（三）

唐山大地震后的灾时社会，呈现出极为繁杂的多元化现象。王子平经历了、见证了。对于他从事地震社会学、灾害社会学研究，可以说是广泛地“收获了”。

地震后第二天，他在马家沟煤矿医院门前，看到了正在抢救伤员的医护工作者。他发现，靠近柏树林的广场地带，到处都是等待手术的伤员。在不远处，摆满了遇难者的尸体，多数是在运来的路上或是在到达这里时没抢救过来死去的。

地震后第五天，得知矿上成立了抗震救灾指挥部，王子平便于8月3日，顶着剧烈的头疼及昏晕，上班去了。进入马家沟煤矿大门，第一眼见到的竟是数具尸体，被特制的塑料袋装殓，等待运走。

在唐山大地震中，马家沟煤矿属于11度重灾区。因为停电，不能排水、通风，巷道被淹，井下生产系统全部瘫痪。在抗震救灾指挥部的统一指挥下，马家沟煤矿打响了“恢复生产，重建家园”的战斗。

震后第10天，就从井下挖出了第一车原煤，被称为地震后的第一车“抗震煤”。矿报捷小组携带了大块煤炭，到设立在机场的河北省抗震救灾指挥部向以陈永贵副总理为团长的中央慰问团报捷。王子平得以随行。

那些日子，他还受命采访支援单位，包括部队及各地煤矿派来的救援队，目的是用他们的事迹鼓舞本矿职工和开展对外宣传，这也是王子平拓宽灾时视界的好机会。40年过去了，那些采访记录他都还完好地保存着。

王子平看到，废墟上的人们，无论是本地群众还是支援灾区的解放军、煤矿救援队队员，都在奋力抗击地震巨灾，人的善良本性和大爱之心得以充分展示。

与此同时，他也看到了另外的一些情况，反映出人性的另外一面。地震第二天，他在一家百货商店附近，发现依然有人从商店拿物品带回家。拿的多是食品及日用品，也有不少人拿了钟表、整匹衣料等。有人从倒塌的粮库取走整袋粮食。

临近地震当天中午，飞机上撒下的中央慰问信，让他感到唐山有救了。中午，一家人都没吃上饭。下午，他和妻子搭建了勉强住下全家人的窝棚。

10月底，他家建成一间两出水、房高（屋脊）2米左右、面积13~15平方米的“抗震棚”（简易房）。不久，又在原来的房基上，由矿上统一组织施工，建造了半永久简易住房。

1979年6月，他们将家搬到马矿新工村工房。这是地震后建造的三层楼房，分配给他家一套三居室。

地震后的日子虽然艰难，但对于王子平来说，却也收获了许多。他说,不仅文学源于生活,人文社会科学更是如此。

二、身处废墟,为大地震作史

1986年7月,王子平主编的《瞬间与十年——唐山地震始末》一书出版。这是他从废墟上迈出的第一步,或曰迈上的第一个学术台阶。

它是对唐山10年抗震救灾史的研究与总结,也是他后来诸多研究活动的基础。这部专著,开了中国地震社会学研究之先河。

(一)

那个月夜,王子平在窝棚里待不住,他又孤坐在大沟边沿。他想,这场大地震,一定该有人记录下来的,不然,后人怎么会知晓这件事呢?只是当时,他不敢将此事与自己扯在一起。

王子平是一个善于思考的人,对于社会上的一些大事、要事,他总是有着自己独到的见解,并能逻辑严密、透彻清晰地表达出来。

1982年10月,他作为唐山市政协委员出席会议,就此事写了提案。市政府在对提案的答复中说:“编写地方志时一并考虑解决。”

他想这会拖很长的时间，就联系了本校几位老师，找到市有关部门查阅资料，结果却是到处碰壁。

1984 年春，也是在一次政协会议上，他与市档案局一位副局长同属社科界小组。王子平提起此事，副局长建议由王子平做，并且表示：档案可以对他开放。

他从此开始了长达多年的地震社会学、灾害社会学研究。也正因如此，中国社会学多了一个重要分支，中国灾害学有了一个重要支撑，唐山成为中国地震社会学的"摇篮"。

（二）

拟议中此书的撰写等于给唐山市委、市政府领导全市人民抗震救灾工作作出评价。那时，"文革"虽已结束，派性依然左右着人们的思想和行动，难度可想而知。

当时，王子平只有"市政协委员"和河北矿冶学院"讲师"两个身份。王子平清楚地想到：预想中的书必须是高水平的；必须是反映历史本原的东西；必须是能为市里派上用场的东西。

《唐山地震救灾史》编写组成立，本校教师占大多数。他们开始到市档案局"办公"，所查资料总数有 2 000 多袋，还派人赴北京、石家庄等地查阅档案，访问相关人员。

1984 年 5 月，王子平以《唐山地震救灾史》编写组的名义，向市委提交了《关于编写〈唐山地震救灾史〉的初步设想》，获得了肯定性的批示。

1984年7月，他又在上述文件的基础上起草了《关于编写〈唐山地震救灾史〉安排意见》，以编写组名义提交市委领导。其表达的主要精神如下。

第一，这是一场千古罕见的巨灾，要写出灾区人民所遭受的巨大牺牲和痛苦。对于灾难不作掩饰或淡化，不能像新闻报道那样，只讲英雄事迹而回避或掩饰灾难。

第二，要写出灾区人民在灾难面前是如何勇敢地站立起来，如何面对地震灾害作出英勇对抗，以及最终战胜灾难的英勇无畏精神。同时，要表达出灾区人民对党、政府和人民解放军的感激之情。

第三，运用社会学理论分析地震引发的社会问题，以及对这些社会问题的解决方法。这是一个研究地震灾害的新的角度。

虽然在当时，王子平尚不知“地震社会学”——这门刚刚在国外兴起的新学科。但他在研究劳动社会学时就已经认真学习了社会学。

（三）

王子平以个人名义写信给时任唐山市市委书记岳岐峰，

全面汇报了想法与安排,提出了面临的主要困难,恳望得到支持与帮助。

1984年12月2日,岳岐峰在信上作出批示。他让市委常委、秘书长听一次汇报,必要时出面召集有关部门议一次,把这件事定下来。

1985年1月10日,市委召开专门会议。杨远(市委原第一书记)、郭耀臣(市委原第二书记)、庞长生(时任市委副书记)、常则民(时任市委常委、秘书长)、经纬(时任政协副主席)及有关部门负责人共10数人参加会议。会议肯定了他们的提纲。

王子平最初将《天灾与人》定为书名,这就点明了此书的主题。笔者在唐山工作时,曾阅读过《天灾与人》的征求意见稿。

自这年春天起一直延续到整个暑假,编写组人员依据提纲,奋力投入查阅、抄录档案的紧张工作。王子平多次召集编写组召开会议,以更好地把握和表达主题,体现本书特点。到8月底,陆续有稿件交到他的手中。

1985年暑假后开学,正是王子平"走马上任"系主任、新建的工业管理系新生入学等最为繁忙的阶段。两个半月时间,他完成了这部23万多字书稿的修改。

1985年11月26日，王子平和编写组的一位成员，携带书稿赴京商谈出版事宜。在地震出版社，陈非比副总编翻阅书稿后说：“基础不错。”

三天后，他们得知：出版社已决定接受书稿，但有两个条件：一个是，稿件本身尚需修改；另一个是，稿件须经市委审查通过。

（四）

具体负责书稿征求意见工作的是市委两位副秘书长、市政府一位副秘书长。他们负责联络各部门并直接和王子平联系。

按照岳岐峰书记的指示，市委办公室组织了一个包括原地委、市委主要领导在内的审查班子，用会议方式对书稿进行审查。

自1985年12月21日至1986年1月18日，审查小组前后召开了5次会议。这个过程虽有小的波澜，大体还算比较顺利。对于审查情形，王子平有过如下记述：

“市委有关部门组成了一个15人参加的审查班子，其中包括原市委书记苏锋、杨远、郭耀臣以及原地委副书记张一萍（苏锋、杨远系原市委第一书记，郭耀臣系原市委第二书记，张一萍系原地委副书记、行署专员——本文作者注）等地市领导。再就是唐山市文化界名人。

“我独自面对的这多位地位高、权势重的人,这几乎是矗立在激流浅滩中的15块大石头,我划着小船,无论碰上哪块都会因‘触礁’而翻船,掉下水去。而且,这15位审查者存在分歧。

“在第三次会上,一位原市委副书记讲:大家有分歧,说明书稿不成熟,还是等成熟了再出吧!这话就是要‘枪毙’书稿。我不亢不卑,能接受的就接受,该据理力争的就争,当然也作必要妥协。”

市委原副书记的话差点结束了这部“唐山史书”。然而,终究还是迎来了“柳暗花明又一村”:

苏锋、杨远、郭耀臣三位老市委领导给了王子平极大支持和帮助。第四次是他们三人单独开会,要王子平参加。苏锋说:“我们的任务是帮助子平同志通过这一关,把书印出来,而不是找个什么理由将书枪毙掉!”

这部“假的不写,保证写出来的都是真的”的《瞬间与十年——唐山地震始末》,终于在一个特定的时间节点面世。

(五)

许多报刊发表了消息和书评,新华社还向海内外发了专题消息。1986年3月8日,新华社对外部记者杨子迪致函地震出版社：

我们从《京所通讯》上看到贵社即将出版《瞬间与十年——唐山地震始末》一书的消息，于是向海外发了消息。现将英、中文消息剪报寄上。……

该书责任编辑、时任地震出版社副总编陈非比，在1986年第11期《博览群书》杂志以《唐山人民抗震10年的真实写照》为题进行评介：

“作者本着忠实于历史的原则，力求原原本本地反映出10年来唐山所经历的一切，整座城市瞬间的毁灭，废墟上抢救生命的斗争，重创后城市生活的复苏，大灾后与疾病和瘟疫的较量，废墟上新唐山的崛起，人们在这场灾难面前所表现出来的非凡勇敢与无私，以及因缺乏准备、缺乏经验而出现的种种失误与混乱等等。”

时隔29年之后，中国灾害防御协会副秘书长、灾害学家金磊于2015年7月30日在《中国建设报》撰文指出：

“十分令人敬佩的是作者以幸存者的特有身份、第一目击者的情怀，依靠知识分子可贵良知，在浩繁的史料及众多人的追忆、访谈中捡拾起值得记忆的史实，用超越一般人的思考力，展示给世人一部活生生的当代灾难史。”

（六）

成书后的《瞬间与十年——唐山地震始末》，由地震篇、救灾篇、重建篇三大部分组成。

1986年7月28日，中共河北省委、省人民政府隆重举行唐山地震10周年纪念大会。《瞬间与十年——唐山地震始末》作为唐山市委、市政府的礼物，赠送出席纪念活动的党和国家领导人、各地来宾及媒体人士。

《瞬间与十年——唐山地震始末》一书，具有鲜明的地震社会学“色彩”。全书以人为主线，以地震灾害的社会内容为核心，以总结唐山地震救灾的经验和教训为目的。具体而言：

其一，分析了地震的社会性后果，探讨了地震中人的心理与行为，以及政府、社会组织和公众在地震灾害面前表现出的社会意识与社会行动；

其二，系统讨论了地震引发的社会问题，如救灾组织与实施、灾民救助、伤员救治、城市复苏、疫情防治、伤残及孤老人员救济，解体家庭重组等；

其三，研究与记述了城市复建规划和施工中的社会学问题，如新建城市的功能分区、防灾对策、废墟清理等。

由此开始，我国地震社会学研究，将地震引发的社会现象和问题，全面纳入自己的研究领域。《瞬间与十年——唐山地震始末》一书，具有无可替代的“母本”意义。

三、理性思考，完成奠基之作

王子平与合作者所著《地震社会学初探》一书，是他从废墟上出发迈出的第二步，或曰迈上的第二个学术台阶。

它依然围绕地震问题展开研究，同时把地震灾害现象理论化。地震本身是自然现象，地震造成的灾害则是社会问题。《初探》源于《十年》而提升、超越了《十年》。

（一）

按照王子平的学术研究计划，《瞬间与十年——唐山地震始末》一书出版后，他的地震灾害研究将会画上一个句号。

他想回到两项重要研究中去：一个是，劳动工资分配制度改革；一个是，农村改革与发展。然而，他对于地震灾害的研究竟产生了一种欲罢不能的感觉。

他想到，通常人们讲的地震灾害，应当是由相关联的两个部分或因素构成：一个是地震这种自然现象，一个是地震引发的灾害。而为人们带来祸患的灾害，则是一种社会现象。

倘若这一想法合理，那么由国外传来、尚未窥见全貌的“地震社会学”，就应当是以研究地震引发的社会现象为主，从而是社会学庞大体系的一个重要分支。

王子平豁然开朗。地震社会学这门学科的轮廓,在他的头脑中开始逐渐清晰起来。这让他兴奋,这是一个新的重要的研究领域,应当将问题引向深入。最好,专门为此撰写一部名为《地震社会学》的书。

(二)

20 世纪 80 年代,将地震社会学作为一门科学来对待,还是为时不久的事情。

“地震社会学”一词,于 1977 年在东京举行的日本、美国第五次地震预报讨论会上最早提出。

20 世纪 60 年代以来,地震预报研究遭遇预报不准,产生社会经济损失及赔偿、法律责任等广泛的社会影响问题,从而引起了一些社会科学家,特别是社会学家,对地震预报社会经济影响研究的兴趣和重视。

1979 年 4 月,在巴黎召开的地震预报国际讨论会上,会议主席埃维森又确认了这门学科的性质和存在价值。他说:“伴随地震预报而逐渐开展的地震社会学,作为一门学科应属于涉及自然科学和社会科学的边缘学科。”

王子平认为,要想做这个事情,一则需要勇气,敢于走前人没有走过的路;二则肯于付出超过别人的辛苦;三则期待和追求成功,却不惧怕失败与挫折。

王子平明白,这件事如果仅靠他一个人,是很难完成的,一则,他还承担着多项必须完成的事情;二则,他的知识结构有欠缺,不足以做好这件事。

他想联合两个人一起来做。一个是地震出版社的陈非比,一个是在唐山开滦一中任职的王绍玉(1989年调入河北理工学院)。

陈非比毕业于中国科技大学,专攻地球物理学,毕业后又多年从事地震预报工作,是一位事业心和责任感很强的人。

王绍玉是他在马家沟煤矿时期相识、并多有交往的年轻人,1982年毕业于兰州大学中文系。这人思路敏捷,翻译过荷兰心理学家的著作——《人生阶段》,对心理学有一定的造诣。

王子平和王绍玉是地震亲历者和幸存者,而后又参与了救灾和重建活动。陈非比在唐山地震中失去了自己的亲人,唐山大地震发生时,正在唐山从事地震考察的爱人以身殉职。

地震社会学的研究,始于1986年下半年。研究活动靠业余时间,存在着时间和资料的双重困难。时间一点点挤了出来,而资料的搜集则花费了很大的气力。

(三)

由唐山地震这个具体而现实的震例出发,在当时信息匮乏的条件下，他们力所能及地搜集国内外有关地震的资料，在更为广泛的意义上开始了对地震灾害的社会学研究。

王子平和他的合作者，一开始便对人精神世界的塌毁以及精神救助的问题给予关注。在《地震社会学初探》一书，针对精神救灾问题提出诸多观点：

“一场成功的救灾活动，必须包括物质救灾和精神救灾两个方面。所谓物质救灾，是提供物质的东西以满足灾民的基本生存需要，保证其渡过灾难时期，并获得恢复正常生活的必要条件。

“精神救灾是地震救灾的另一项重要内容。其核心任务是唤起灾民的主体意识，振奋战胜灾害的信心和勇气，使之获得生存下去并重新发展起来的精神方面的力量和条件。

“之所以要提出精神救灾问题，是因为地震在破坏人们生存下去的物质条件的同时，也破坏了人们精神方面的生存条件。

“可以认为，强烈地震发生后，在灾区造成了双重废墟：物质的废墟，即房屋建筑物的倒塌毁坏；精神的废墟，即人们进行正常生活所必需的精神方面的条件被破坏甚至失去。

“人失去了必要的物质条件不能生存；同样，失去了必要的精神条件，也不能生存。这种精神生存条件的破坏和失去，集中地表现为灾民意识的形成和普遍存在。”

……

王子平与他的合作者提出了“精神救灾”的学术概念，将人们的认识从个体感性上升到了整体理性，从模糊懵懂引领到了清晰明朗。

不只是中国的邢台地震、唐山地震、汶川地震……仔细盘点一下古今中外，一个个或悲惨、或悲壮的灾难故事，都可以成为这一学说的注脚。

（四）

在唐山地震发生及其以后的长时间里，人们应对地震大多只是考虑到两种对策：一是地震预报，一是地震救灾。王子平和他的合作者认为：问题远远不是那么简单。

预报也好，救灾也好，都只是在地震发生之前或之后做文章。而且，地震预报的技术及社会反应后果的复杂程度，甚至令人难以想象。针对上述现实，王子平与他的合作者在《地震社会学初探》一书中提出了“大防御战略”，认为震灾防御可以分为狭义和广义两种。狭义震灾防御，是指震灾预防。广义震灾防御，则是指在狭义震灾防御的基础上，在地震已经发生的情况下，采取减轻灾害的应急措施，并防止次生灾害的发生，保证灾区人民不再遭受新的伤害。

后者便是王子平与他的合作者提出的“大防御”战略。对此,《地震社会学初探》一书作了如下表述:

“所以要提出大防御,是因为震灾的发生是一个过程。它始于地震的发生,却并不止于地震的停止。地震之后,由于人类生存条件的破坏,会发生一系列连锁反应,造成一系列继发性灾害,如火灾、水灾、饥荒、瘟疫等。

“这种种继发性灾害,将会继续伤害幸存下来的人们。因此,震灾防御应贯穿在震前、震时、震后这一全过程中。”

王子平和他的合作者认为,全面的地震灾害防御,必须解决以下三个方面的任务。

第一,震前做好一系列防范工作,以求地震发生时不至于大规模破坏人工建筑等人的生存条件,进而伤及人的生命。

第二,地震发生时,在人工建筑物等生存条件遭到直接破坏时,人们运用自己的精神力量、智慧和知识以及其他可以利用的一切条件,尽可能地避开危险,保存自己。

第三,地震发生后,防止新的继发性灾害发生。这一条,通常被认为是救灾的内容。其实,既然是防止它的发生,那就应当属于震灾防御的内容。

正如《地震社会学初探》一书所说:

“震灾防御是一项具有广泛内容的社会活动,它需要动员包括政府、科技工作者、公众和社会群体等各方面的力量共同完成。它所要实现的社会目标集中起来可概括为:通过各种手段,抗御地震灾害,防护人的生存条件遭到破坏,从而使灾区人民能够正常地或基本正常地生活。”

这一“大防御”战略思想,是20世纪80年代末提出来的,至今依然有着它重要的现实价值。

这部《地震社会学初探》,除“总论”论述学科研究对象、任务等范畴之外,全书分为地震灾害的社会学分析与认识、地震灾害防御的社会学思考、地震引发的社会行为与社会问题三大部分。

该书提出了构成本书基本内容的基本概念和基本理论,主要有:地震社会学、地震灾害、生存条件、震灾要素、精神救灾;地震成灾机制、震灾评估与分级、地震灾害与社会双向双效关系、大防御战略、震灾防御机制、地震救灾机制等。

（五）

1989年2月,《地震社会学初探》一书由地震出版社出版后,立即获得学术界尤其是地震学界的高度评价。

著名地震学家、中国科学院院士、国家地震局副局长陈颙,在为此书撰写的序言中评价说:

“王子平等同志撰写了《地震社会学初探》一书,这是国内这方面的第一本专著,它的出版是一件可喜的事情。

“这是一部富有启发性的、论述严谨的著作,我愿意郑重地将它推荐给一切从事和关心与地震灾害作斗争的事业的人们。”

地震学家、耿庆国研究员在《有益的探索,可喜的收获》一文(《中国地震年鉴》,1989年)称它:

“是我国第一部研究地震社会学的理论专著,是近年来地震社会学研究取得的可喜进展和收获。

“全面的震灾防御体系,将使人类在地震造成的极端被动情况下,最大限度地发挥主观能动性,采取一切可能的措施抗御灾害的扩大。地震灾害‘大防御’战略思想是人类对待地震灾害的观念上的一大进步,以此为指导同震灾斗争,必将更富有成效。”

地震学家、郭增建研究员在《评〈地震社会学初探〉》一文(《国际地震动态》,1992年第2期)中,认为该书继于前人、超于前人,来自实践、高于实践,立足现实、远视未来。

书中提出的7项评估震灾指标:地震大小与破坏程度、受灾规模、人员伤亡数、房屋破坏率、社会功能伤损率与伤损程度、直接经济损失、救灾规模与恢复时间;以及对震灾所作的4类划分:轻灾、中灾、重灾、特大灾,都富有创见性、启发性,是值得重视的。

社会学家、苏驼教授在《国内第一部系统研究地震与社会相互作用的著作》(《灾害学》,1991年第9期)一文写道:

“它揭示出人的生存条件在地震与社会相互作用的中介地位和作用,地震给人类社会造成灾害是由于破坏了人的生存条件的结果,而防震救灾也就是防御人的生存条件的破坏,救灾就是恢复和重建人的生活条件,这就为人们认识地震灾害提供了一个重要的视角和线索,而全书也是围绕着这条线索而展开的。”

在《防震减灾要重视灾害社会学研究》一文,灾害学家金磊认为《地震社会学初探》一书:

“不仅拓展了应用社会学,更为防震减灾乃至更大范围的防灾领域提供了范本。

“……其著作中有关地震救灾的社会目标、灾时社会行为(灾民意识、精神救灾、灾时行为分析等)、灾后社会机体的整合与社会控制、地震后诱发的社会问题等,都是30年来被一系列‘灾事’证实是前瞻性的科学分析及判断。”

1991年8月,《地震社会学初探》荣获河北省第三届社会科学优秀成果专著类一等奖。

其后,又有《地震文化与社会发展——新唐山崛起给人们的启示》一书的写作与出版，其中对地震灾害所引发的文化现象作出的开发与阐释，使王子平和他的合作者共同创立的中国地震社会学理论体系更加完整和丰富。

再后，王子平又提出并参与主持出版了两项实证研究成果:《唐山地震灾区社会恢复与社会问题的研究和对策》《河北省震灾社会调查》。两项调查获得数以百万计的数据，证实了王子平与他的合作者在《地震社会学初探》一书中提出，并作了论述的有关地震社会学的概念与理论。

四、艰难奋进，再攀学术高峰

王子平所著《灾害社会学》一书，是他从废墟上出发迈出的第三步，或曰迈上的第三个学术台阶。

他的这部专著，已经由研究地震灾害转向研究一般灾害。它是站在灾害哲学的高度，把所有的灾害都抽象化了，故而堪称一部“灾害哲学”之书。

(一)

王子平的幼年是在战争与灾难中度过的。

4 岁那年夏天的一个中午，祖母拉他去村南菜园，忽然一支日军骑兵在大约一里开外的地方驰过……

为躲避日寇扫荡，1944 年整个冬天，他都随同父辈睡在潮湿、阴暗的地道里，浑身长满了疥疮。

也是抗日战争期间，家乡又接连发生数次雹灾、蝗虫灾、黏虫灾等自然灾害。

1949 年以后所发生的一切社会动乱与灾荒，他无一例外都经受了。“三年自然灾害”时期，他的体重减少了 40 多斤，已经面目全非了。

王子平对社会灾害的研究，始于 20 世纪 80 年代之初。1981 年 7 月至 8 月间，他参加中国农村发展问题研究组，赴安徽省滁县地区调查农业生产责任制发展状况。这次调查，也就必然地涉及包括凤阳县在内的这个地区所经历的多种灾害或灾难。

地震社会学作为一门应用社会学，兼具理论性和实践性。对于它的全面研究应包括理论研究、实证研究和应用研究三项内容。

一般而言，王子平接下来应当做的是应用研究，即运用社会学原理，结合我国抗震救灾的经验教训，进行地震灾害的对策研究。

王子平的学术性情却与众不同。他对于理论问题的兴趣似乎是与生俱来的。别人眼里那些枯燥无味的“理论”，在他大脑中竟变得生机盎然、枝繁叶茂。

他想继续扩大自己的眼界和胸怀，对人类面临日益严重的整个灾害体系与趋势，作出更为深入、更为全面也更为抽象的思考。

（二）

1995年8月，机会降临到王子平头上。他接到武汉大学郑功成教授的来函：他和马宗晋院士正策划编辑、出版"中国灾害研究丛书"。该丛书是在钱学森、李贵鲜等同志，以及国家计委、国家科委、国家减灾委的支持下发起并组织的。

其中的一部是《灾害社会学》。按照编辑、出版"中国灾害研究丛书"的要求，王子平拟定了此书的写作要求是：

其一，要写出一部体系完备的原创性学术著作，要经得住时间或历史的考验，他人可以超越，但无法忽视；

其二，要用一种宽阔眼界或胸怀，在环境—灾害—需要三者大背景下，考察思考灾害问题；

其三，整部著作要能够容纳下人类面临的全部灾害，以人的生存为主线，揭示出灾害的社会学本质与规律，作一次事实上的灾害哲学探求；

其四，最大限度地反映和容纳个人的体验和情感，写出自己作为学者的良知和智慧。

依照这些要求，王子平提出了全书架构和基本概念、基本原理及基本内容，成为后来成书的大纲与框架。

经历了“穿越地狱的行旅”，在他身心的巨大付出之后，以上这些都一一实现了。

（三）

1996年8月，他开始了初稿的撰写。这是一个真正艰难的不亚于一次灾难的经历，后来他称之为“穿越地狱的行旅”。

10月25日星期五。整日写，却依然不能脱身泥潭，甚苦。心情也不好，这是写作最为艰苦的时期。写不出，放不下，前进不能，后退不得。下午独自去街上，原本想去广场坐坐，天冷，风大，中途而返，晚只好彻底休息。

11月1日星期五。早4点半醒，5点起而工作，修改第二章，极难。我发现许多思想未能写出，写出部分也有些乱，便大改。

我极力克制自己，不生厌烦，不能浮躁，时时提醒自己，要沉住气。

——出自王子平工作日志

“思路正在十分酣畅之时，我却进入极度疲劳的状态。我忽地感觉到一种承受力的极限，心里升起一种恐慌。这时，我忽地明白了：为什么科学史上总有那么多的科学家会倒在工作台上。

“这是因为，此时的研究活动已经成为一种发自研究活动本身的、在理性基础上产生的带有强烈情感因素的内心欲求。是这种欲求驱使着科学家继续做下去，停不下来，直到鞠躬尽瘁，死而后已。

“这时他们已经把自己放在了全速前进的科学列车上，科学家与列车浑然一体。这时已经难以分清是科学家在推动着科学列车的行进，还是科学列车在带动着科学家的研究活动了。”

王子平在他的另一篇文章中，记述了以上这种因面临“极限”而产生恐惧的情绪。

11 月 30 日星期六。早不及 6 点起床工作，为赶时间而未曾去公园晨练。10 点完成了除“后记”外的全部书稿(修改稿)，总字数为 22 万~23 万字。主编要求 20 万~25 万字之间，我取了一个中间数。下午两点半用快件寄郑功成。

我终于走出了泥潭到达了彼岸。我还是有能力的，思想不老，精力亦好，我高兴我的整体状况。这是我的一种感受，一种体验，一种心情，并不表明我所做的事情本身有多大价值。这年 11 月底，《灾害社会学》初稿完成。

我对老伴说：“我真想哭一场！”值得庆幸的是，我终于走了出来。所以说，这是一次穿越地狱的行旅。

——出自王子平工作日志

（四）

1998年9月，《灾害社会学》一书由湖南人民出版社出版。这部著作在王子平一生中最为重要，为他带来了极大的学术声誉，被称为“中国灾害社会学奠基之作”。

2002年，“中国灾害研究丛书”荣获第十二届中国图书奖。《灾害社会学》作为该丛书12部之一，与其他灾害研究著作共同分享这一荣誉。

《灾害社会学》一书出版后，各媒体相继发表消息和书评。兹将台湾学者张晨的《灾害学启示录》（2007年2月22日，由“世新大学翠谷风情”下载）摘录如下：

“最近，大陆湖南人民出版社出版了中国第一套‘中国灾害研究丛书’……从各个角度介绍、论述了各种灾害的发生、发展，以及对人类的影响，人类防范灾害的措施。这中间尤以《灾害社会学》的视角最令人耳目一新。

“《灾害社会学》与一般的灾害学专著不同，它探讨的是在自然的灾害中所反映的社会性内容。因为人类面对的灾害中，社会及人为灾害越来越多，灾害中的人为因素亦越来越多。

“《灾害社会学》的作者王子平教授是大陆灾害社会学和地震社会学这两个学科的开创者之一。他原本是一位经济学家，由于经历了 1976 年唐山大地震，作为浩劫幸存者，他对灾害的认识发生了根本性的变化。

“王子平教授在《灾害社会学》中指出，对自然界本身而言无所谓‘灾害’。灾害是以人和社会为标准的价值判断。……在灾害因果链条中，社会不仅是灾害受体，是灾害后果，而且也是灾害本体，是导致灾害的原因。

“《灾害社会学》指出，与一般性的社会问题相比较，灾害引起的社会问题的基本特征是，它只在灾害发生后的某些特定社会条件下发生，而非由社会本身的原因所引起。它一旦发生，也会妨碍社会的进步，从而加剧灾情甚至直接构成灾害的内容。

“《灾害社会学》认为，灾害对人的伤害是立体的，不仅是生理上的死与伤，同时还有心理和思想方面的伤害。基于这个理由，王子平提出了‘精神救灾’的概念，并讨论了物质救灾和精神救灾并重的重要意义。

“另外，本书还颇有新意地分析了灾害与人之间‘双向双效关系’，即灾害既会造成对人的伤害，又会锻炼人，使人成熟起来。……一方面在抗争灾害，一方面又在制造灾害，这就是人与灾害的难解习题。”

《灾害社会学》是对灾害的社会学本质、内涵、机制以及防御策略的全新思考，是一个完整而独立的开创性学术成果，是学术高原上的一座高峰。

（五）

纵观《灾害社会学》一书，它从三个方面确立了这一学科在学术之林的独有地位：

一是与其他应用社会学区别开来，它所研究的是灾害条件下的社会现象、社会行为与社会问题；

二是与其他灾害学区别开来，它是在社会学理论的指导下，运用社会学的方法亦即实证的、综合的、逻辑的方法来进行研究；

三是与其他灾害对策学区别开来，它的意义在于为灾害对策学提供一种理论的指导和抗御灾害的思路。

从社会学意义上讲，王子平对灾害的定义是：灾害就是人的需要满足过程的非正常中断。《灾害社会学》一书中构建的灾害体系包括自然灾害、社会灾害和人为灾害三大类，每一类中又可分为三个亚类：

自然灾害，包括气象灾害（洪水、干旱、风暴灾等）、地质灾害（地震、水土流失、滑坡等）、生物灾害（传染病、物种灭

绝、生物入侵等);

社会灾害,包括政治灾害(侵略战争、社会动乱等)、经济灾害(经济危机、市场欺诈行为等)、文化灾害(文化灭绝、黄毒泛滥等);

人为灾害,包括人工自然灾害(环境恶化等)、人为事故灾害(交通及生产事故等)、人为科技灾害(核泄漏等)。

王子平关于灾害基本思想、概念和理论框架的形成可谓由来已久,但将灾害、生存条件和生存能力联系起来进行论证,并系统地提出了灾害社会学理论框架,则是在《灾害社会学》一书中完成的。

前不久,在笔者和王子平教授的一次谈话中,他对自己提出的“灾害三系列”作了下述深刻而发人警醒的阐释:

“我将自然、社会及人为灾害并列,构成一个能够容纳所有灾害的体系。这样一来,人及社会既是灾害的受体,也都成为灾害的根源(主体)。社会灾害与人为灾害皆源于非自然的社会及人文因素。由此也就决定了减灾防灾的范围与任务必然地扩大到自然、社会与人。从灾害防御角度看,人类所要面对的除自然之外,还有人及社会自身。

“人类在防御灾害问题上所面对的首先是自己的自私、贪欲及掠夺本性。”

这些话令笔者深思与警觉，并再次通读了王子平曾经耗费大量心血和精力写成的《灾害社会学》一书。

这部著作尽管面世近20年了，但其所呈现的世界观、方法论及价值，却是与时俱进、与日俱增的。笔者对于此书的最新感受，在一个寂静的夜里突然迸发出来：

这是一部“灾害哲学”著作。王子平站在天、地、生、人总体的高度，以人、社会、自然三者和谐为目标，运用抽象思维能力，揭示出灾害与人相依存、相对抗的规律……

对于这一“最新感受”，无论现在还是将来，我都有足够的自信。

（原载唐山市政协史科委员会编著《在废墟上崛起》，中国文史出版社，2016年7月第1版）

那一棵大树的阴凉

——再记中国灾害社会学、地震社会学奠基人王子平

笔者之所以把“再记”二字用在题目上，是因为几年前写过一篇名曰《先生之风》的文章，记述了笔者与王子平教授交往的二三事。它曾在几家报刊发表，寄来的样报、样刊都还保存着。一部《创造幸运——我的心灵史》让笔者读到了既熟悉又陌生的王子平教授。那些陌生让熟悉变得更加清晰，也更加立体起来。

一

暮秋时节一个周日的上午，笔者正凝望窗外不远处的一棵大树，看它那遒劲挺拔的模样，蓦然想起了远方的一位长者，他就是年近八旬的王子平教授。笔者与王子平教授数年未见，好在偶尔通次电话聊聊什么。不是他从唐山打过来，就是笔者从石家庄打过去……正想着呢，接到一个陌生老人的

电话,他的声音低沉且略带沙哑。他说,王老师让我转交给你一本书。

想起来了,王子平教授几天前提过这事。下午,笔者与陌生老人如约相见。他中等个儿,面容清癯,谦和平静。简短的寒暄过后,他说王老师介绍过你。接着,就将书递给了笔者:《创造幸运——我的心灵史》(以下简称《创造幸运》)。正是王子平教授所著,花山文艺出版社出版。替王老师转交此书的老人是中共河北省委宣传部原副部长白玉民。在我清晰的印象中,白先生是位造诣颇深的学者型官员。他说,书在出版之前就已读过,确实不错。

与白玉民老人握别后,笔者边往回走边翻看新书。回家大约有 2 千米的路,就那么不停地翻阅、浏览。打开家门,立即拨通王子平教授的手机,气喘吁吁地说:“书,我已经……看完了……”虽然只是匆匆浏览了一下,却洞视了这部自传的些许筋骨。笔者将最初感受向“忘年之交”作了表述……随后,又给他发了短信。笔者告诉他,要仔细阅读这本书,并写下属于自己的某种认知。

《创造幸运》是王子平教授献给“家乡田园”“父母双亲”的书。王子平 20 世纪 30 年代出生于河北望都一个农家,1958 年毕业于中国人民大学,系河北联合大学教授,国务院政府特殊津贴获得者。作为知名学者,他的《灾害社会学》荣获第十二届中国图书奖;《劳动社会学概论》《地震社会学初探》《资源论》依次荣获河北省第一届、第三届、第八届社会科学研究优秀成果专著类一等奖,并被中共河北省委、省政府联合命名为省管优秀专家。他被新华社等传媒及学界誉为“中国灾害社会学(及地震社会学)奠基人”。

二

王子平在大学学的是经济学。毕业后除了10年的矿山生活,他长期在高校从事经济学、社会学的教学与学术研究。多年前听说,我国关于“商业”的权威概念,就有着他独特的贡献。1964年2月的一天,《光明日报》刊登了王子平《什么是商业》一文,此文曾在当时引发一场讨论。那年王子平只有30岁。后来事情的发展让人高兴,也是王子平没有料想到的:一些权威性工具书如《辞海》(上海辞书出版社,1979年版)《简明社会科学词典》(上海辞书出版社,1982年版),都采取了与他对于商业定义基本相同的界定。

王子平少小离家,历经22年的孤身漂泊之后,1970年从天津调到唐山,开始了10年的煤矿工作与生活。1976年唐山大地震中,他家幸无伤亡。但在一望无际的地震废墟上,他的心灵受到极大震撼，却也从中得到了大自然的启迪，生命在灾难中得到了升华。“就在这场大地震中，我亲身感受了自然界的威力以及人性的美好，在更高层面上理解了自然和人的关系，从而奠定了我从事地震社会学以及灾害社会学研究灵魂性的学术思想主轴”，在《创造幸运》一书，他讲了上述几句话。

他接着写道：“这次经历对于我后来从事学术研究，尤其是地震社会学以及灾害社会学的研究，其意义是不言而喻的。这或许可以称作是一种幸运。”他继续写道：“在唐山大地震中，我还有一次奇异的经历，就是在地震当天下午 6 点 45 分经历的 7.1 级强余震。这是真正的、令人战栗的自然奇观，并从而改变了我的自然观。”他在书中以惊异、恐惧的心情，记述了那触目惊心的“自然奇观”：

“只见这时，大地地表如同大海波浪那样，剧烈地起伏、动荡、摇晃起来。震波高处，大约相当于平房屋顶，因为是遥遥望去，那实际肯定比印象中的高度还要高许多，事后想来，恐怕会有 3~5 米。就在大地地表起伏动荡的同时，村庄、道路、树木、厂矿建筑、居民住房等，一切地表上的有形物质，都如同大海波涛上的船舶、漂浮物，摇晃、摆动、颠簸起来。那动荡的方向是随着震波的起伏，起而后落、前伏而后仰、时而高耸时而低落，伴随震波呈现着有规律的动荡。”“人是地球表面上生存的生物，大地是安身立命之所，大地在人们心目中，历来是坚如磐石的。人们极难有机会经历或目睹脚下大地如此颠簸摇晃。”

1980 年 2 月，王子平走进废墟上的河北矿冶学院（现名河北联合大学），又开始了长达 18 年之久的教学生涯。对此，在《创造幸运》一书，王子平这样写道：“我清楚地知道，从此又走上了一个艰难、辛苦而可遂愿的平台。”直至 1998 年 6 月讲完最后一堂课，他结束了一生的课堂教书生涯。在 2009 年毕业生广场晚会上，这位深受师生敬重的老人被请了回去，面对万名莘莘学子作了一次精彩演讲。那个美好夜晚的沸腾场景，是多么的令人高兴、令人怀恋、令人难忘啊。

三

也正是在这次“再教书”的过程中，因为一次机遇（自然也是挑战）的突然出现，成就了王子平那颗“有准备的头脑”，他用笔将灾难转化为精神财富，继而将灾难研究再上层楼，他的中国灾害社会学、地震社会学奠基人的地位得以确立。从那几部地震社会学、灾害社会学重要著作的成书过程即可看出其基本轮廓。他虽然没给自己设定什么高度，可他像一个拓荒者似的奋力前行,长达30年的地震社会学、灾害社会学研究硕果累累。

早在1976年唐山地震发生不久,王子平全家蜷缩于窝棚的日子,他就想,这么大的一场地震灾难,总该有人记录下来留诸后世的吧。1986年7月唐山地震10周年时,为唐山地震救灾作史的《瞬间与十年——唐山地震始末》一书(以下简称《瞬间与十年》)出版。7月28日,中共河北省委、河北省人民政府隆重召开唐山地震10周年纪念大会,唐山市将此书作为一份重要礼物,赠送出席纪念大会的党和国家领导人、各地来宾及媒体人士。而这本书的主编,竟是王子平自己,若是在10年之前,这是他连想都不敢想的事啊。

《瞬间与十年》分为地震篇、救灾篇、重建篇,是一部忠实记录唐山地震、救灾和重建过程的史书。由于地震社会学一些基本概念和原理性思想在此书中有所贯彻,因而被媒体认为是我国地震社会学的开先河之作。然而,此书的问世并非一帆风顺。王子平当时只是一名高校讲师,社会身份只有"市政协委员"。市委组织的包括多位市委前负责人在内的审查小组进行审查,前后开过5次会,书稿竟因所谓的"不成熟"(审查者有分歧)差点被"枪毙"掉。在几位市委老领导的帮助下,自然也由于王子平的品格、气质和能力,这部史书最终得以出版发行。多年之后王子平说:“更为重要的是,我贯彻了自己的学术思想和理念,为后来的地震社会学研究奠定了一个基础。”

1989年2月,我国第一部地震社会学专著《地震社会学初探》(以下简称《初探》)出版。此书由王子平提出设想并系统策划,与志同道合的陈非比、王绍玉共同完成,出版后获得学术界特别是地震学界的广泛重视与高度评价。著名地震学家耿庆国认为,该书提出的“地震灾害‘大防御’战略思想是人类对待地震灾害的观念上的一大进步,以此为指导同震灾斗争,必将更富有成效”。著名社会学家苏驼认为,“《初探》一书在地震社会学作为一门学科出现仅仅只有12年的时间,就形成了具有一定理论体系的专著,确实是难能可贵的。它的出版为地震社会学学科的建设和发展打下了良好的基础”。

20世纪90年代,王子平对地震灾害的研究一直没有停歇。1996年,《地震文化与社会发展——新唐山崛起给人们的启示》一书出版,标志他和他的合作者共同创立的中国地震社会学理论体系更加完整和丰富。同年出版的《河北省震灾社会调查》一书,揭示出“地震”“人”“生存条件”三者关系及其相互作用的规律性。1997年,《唐山地震灾区社会恢复与社会问题研究》一书出版,这是我国第一部专为一场自然灾害所作的大型调查,书中汇集了上百万个数据。以上这些均是由王子平精心策划,并与他的合作者们艰苦劳作而完成的。

四

这是必然要单独列出的一个段落。因为,在王子平的学术研究中,这一段记述的事情至关重要,被称之为“穿越地狱的行旅”——《灾害社会学》的撰写与出版。之所以这样讲,意指它的写作之艰难并不亚于一次灾难似的经历。《灾害社会学》系“中国灾害研究丛书”的12部之一,此丛书被列为国家“九五”重点图书工程,是我国出版界与整个灾害学界的一个规模宏大的重大工程。王子平教授1996年8月开始撰写此书,1998年9月由湖南人民出版社出版。

关于《灾害社会学》的写作,王子平教授设定的着眼点及要求是:要写出一部体系完备的原创性的学术著作,要经得住时间或历史的考验,他人可以超越,但无法忽视;要用一种宽阔眼界或胸怀,在环境—灾害—需要三者大背景上,考察思考灾害问题;整部著作要能够容纳下人类面临的全部灾难;以人的生存为主线,揭示出灾害的社会学本质与规律,作一次事实上的哲学探求;最大限度地反映和容纳个人的体验和情感,写出作为学者的良知和智慧。经历了“穿越地狱的行旅”,在他身心的巨大付出之后,以上这些都一一实现了。

“中国灾害研究丛书”2002年荣获第十二届中国图书奖,《灾害社会学》被称为“丛书中重中之重的一部著作”“一部有很高价值之灾害学著作”。台湾学者张晨的《灾害学启示录》指出:“中国灾害研究丛书”,“这中间尤以《灾害社会学》的视角最令人耳目一新”。这部专著让王子平教授攀上了个人学术生涯的新高峰,在全面意义上是到当时为止取得的最高学术成就。就其整体而言,它是作者对灾害的社会学本质、内涵、机制,以及防御策略的全新思考,是一项极为重要、非常完整而独立的学术成果。此书确立和阐述了人是灾害问题灵魂的主旨,从而阐释了作者的灾害哲学观念。

2006年7月,在唐山地震30周年前夕,新华社记者对王子平教授作了全面采访。长篇报道《穿越地狱的行旅——记中国地震社会学奠基人王子平》,对他及合作者们所作的贡献,对他本人在地震社会学、灾害社会学两个学术领域的地位,作了客观而明确的评述与论断。自此,王子平的“奠基人”地位被媒体、学界及社会有关人士普遍接受,被誉为中国地震社会学第一人。2008年5月,四川汶川地震发生后,王子平教授接待了大批媒体记者的采访,广泛传播地震社会学和灾害社会学知识，还将《瞬间与十年》《地震文化与社会发展》《地震社会学初探》编辑在一起，取名《走出废墟——我们怎样应对地震灾害》，正式出版后由唐山市送往地震灾区。

五

你或许并不一定相信，曾经的迷茫乃至深深的绝望不止一次地缠绕、伴随着王子平。这也正是笔者对“忘年之交”陌生的一面。好在，王子平教授在《创造幸运》一书中，把不少类似个人“隐私”的事情那么坦诚、那么客观、那么平静地记录下来，这就使笔者对这位“忘年之交”的认知变得立体并且生出更高的敬意。多少年来，王子平在学习、工作和生活中，总是面临着一个又一个挑战，这使得他必须跨过一道又一道沟壑，极其艰难地向前一步步走去。在这中间，除了要走出思虑之苦、写作之苦的泥潭，还克服了常人难以想象的痛苦。

在王子平上大学期间，由于受到“不公正的对待”，身体明显地受到伤害，血压波动、经常头痛。到了三年级下学期，高压持续保持在160~170、低压持续保持在90~110毫米汞柱水平。他不得不办理了休学一年的手续。大学毕业后，他分配到地处天津的河北财经学院任教。1960年春天，王子平头痛失眠接连而至，他的血压忽高忽低，终日疼痛昏晕难耐。

“病”成了他最大的“敌人”。在整个国家处于饥荒之中，他不仅和许多人一样忍受饥饿的折磨，还在高血压引起的失眠和头痛的煎熬中挣扎。

剧烈的头痛，严重的失眠……进入1962年，他在坚持治疗和体育锻炼的情况下，战胜了已经开始蔓延的悲观情绪，迎着病痛而上取得了不小的成功。此后5年，没有因为高血压病和头痛而耽误工作，他的抱负和才情得到了很好的发挥。在史称浩劫的“文革”风暴中，王子平成了“修正主义苗子、白专道路典型”。1970年6月，他调到开滦马家沟煤矿工作，结束了多年住集体宿舍的生活，得以与在唐山的妻女团聚。在这期间，他先后教过初、高中语文课，在“马矿721工人大学”教过政治课，当过矿里的“文字勤杂工”（抄抄写写）等等。

在《创造幸运》一书中，王子平教授记载了一件“小事”：一天，听说矿医院进了一种治高血压的特效药，他简直是喜出望外，当即找到大夫，赔笑脸，说好话，大夫最后给他开了药。然而，他却十分惊讶也极为难过，因为只给他开了3天的药量，9粒。他得的可是严重的高血压，这是一种非常顽固的慢性病啊。这是对一位新面孔、一位知识分子的歧视和排斥。此书记载：“1973年到1975年是精神上备受压抑极度不舒畅的时期。由这年开始，高血压病再犯，造成身心濒临崩溃的状况。"1975年夏季,他甚至被临时派到矿"冰棍房"劳动。即使这样,他还是选择了向前,每天坚持跑步数千米,在顽强的锻炼中,身体一点点康复……

六

笔者一连拿出几个晚上时间,在反复咂摸中正式读完了《创造幸运》。放下书,又一次瞧见窗外那棵遒劲挺拔的大树。真的是时光飞逝,屈指算来,笔者与王子平教授相识已有20多年。储存在大脑中的些许交往片段,此时高清图般地展现了出来。在这里,笔者仅记其中的三件事。

其一,为笔者的书作序。1994年唐山地震18周年前夕,笔者的《唐山震后重建的哲学思考》一书即将出版,去请王子平教授为之作序,他当即答应并很快将序写好。而在当时,他的腰椎间盘突出甚是厉害,在笔者到他那里取序稿时,他是歪仄着身子与笔者谈话的……这一细节让笔者感动。同样让笔者感动的是序中对笔者的鼓励与期望,说笔者"那有几分瘦弱的躯体里,怎么会有如此旺盛的精力……""我想说明的是,他走的这种学术道路是实实在在的,而非学术'小商贩'那种活动"。

"而在我来说,之所以答应为之写序,更重要的是,才实是我所敬重的年轻人，又是我的‘忘年’的朋友。这序与其说是评论书稿，倒不如说是在表述我对一位青年朋友的心愿与期望。”他在序的结尾写道。笔者那篇《先生之风》曾记述了与他对这段文字的“商榷”过程。笔者说，“敬重”一词是否改一下呢？这是笔者对此序唯一的建议。他向笔者解释说，朋友之间相互敬重很正常的……这样，那序的全文就没做任何改动，在几家报刊发表后反响良好。

其二，携笔者投入研究。多年来，笔者虽供职于政府机关，却始终坚持这样一种理念：政府机关干部也应具备“学者化”的思维，将调查研究、撰写论文养成一种工作自觉。出于兴趣亦是出于某种责任，也就加入了地震灾害研究的行列，并参与王子平教授主编的“地震文化与社会发展”“唐山地震灾区社会恢复与社会问题研究”课题研究、著作撰写。这构成了笔者研究工作的一项特殊内容。

在这其中，《地震文化与社会发展》一书，笔者与陈非比女士合作完成“顽强生长于废墟之上的简易城市”“唐山城市十年重建面面观”“新唐山城市建设的文化审视”三章。“唐山地震灾区社会恢复与社会问题研究”课题，系国家社会科学基金会与地震科学基金会共同资助项目，笔者是分课题“唐山重建中的经济与社会问题”的研究者之一。尤为骄傲的是，在长达几年的研究与写作中，王子平教授作为课题主持人，一个知名学者，他的思维方式、表达才能，他的一丝不苟的精神，都潜移默化地影响着我。

其三，评介笔者的散文。离开唐山调到省城工作后，笔者常把自己工作、写作等情况向他表述，也将陆续出版的散文集寄给他，有《刻在石头上的故事》《浸透在记忆的土壤》《面对荷叶上的青蛙》等。他对笔者的散文作品也很关注。终于有一天，他的《枝叶对根脉的感念——读程才实散文所想到的》一文发到笔者的邮箱。王子平教授是知名的灾害社会学及地震社会学家、经济学家，他的文学水平竟也非常了得。

这篇长达 4 000 多字的评介文章，将笔者的作品归结为亲情、乡情、天地情，予以热情评介。“综观三册散文集，我的一个突出印象是，情感、事项、启迪，才实散文是具有了散文所应具有的这三项要素的”，赞誉“书中朴素无华文字承载了大量文化信息”。此文摘要发表于《河北日报》《中国建材报》，全文发表于《唐山晚报》《河北作家》等多家报刊。一位报社编辑感慨坦言：“作为一位年近八旬的老人，能把你那几本书看完就很不错啦，何况人家写得又是那么认真、那么到位呢！”

在这篇文章的结尾，我一时不知如何表达自己的情绪，甚至不知如何结尾才好。1998 年 11 月，院领导与王子平教授作退休谈话时这样评价道："王老师在我院有四个一流：教学质量一流、学术水平一流、社会声望一流、人品一流。"好一棵遒劲挺拔的大树啊，岁月的年轮早已刻满了风霜雨雪。你将年轮无私地展示给人们，你用自己的枝叶洒下一片浓浓的阴凉。作为中国灾害社会学及地震社会学奠基人，王子平教授的这一贡献是无法被忽视的。

我曾在并不十分浪漫的想象中揣测：也许是过了许久许久吧，人们手捧王子平教授的《灾害社会学》，那感觉应该像阅读和仰视一棵遒劲挺拔的大树呢。

（原载 2014 年 12 月下半月《中国减灾》）

愿化此身酬平安

——灾害社会学家王子平教授访谈录

王子平教授因最早用社会学的理论和方法研究地震及一般灾害，从而建立起中国地震社会学、灾害社会学两大新兴学科的理论体系，被新华社等传媒及学界誉为中国灾害社会学、地震社会学奠基人。他是国务院政府特殊津贴获得者，并被中共河北省委、省人民政府联合命名为省管优秀专家。

在他的学术成就中，声誉最高、影响最大的是对于灾害社会学及地震社会学的研究成果。代表性著作有《瞬间与十年——唐山地震始末》《地震社会学初探》《地震文化与社会发展——新唐山崛起给人们的启示》《灾害社会学》，以及大型调研报告《唐山地震灾区社会恢复与社会问题研究》《河北省震灾社会调查》。

他的《灾害社会学》荣获第十二届中国图书奖，《劳动社会学概论》《地震社会学初探》《资源论》依次荣获河北省第一届、第三届、第八届社会科学研究优秀成果专著类一等奖。上述4部专著，均系中国在该领域填补空白的“拓荒”之作，产生了非常广泛的影响。

一

1934 年 6 月,王子平教授生于河北望都一个农家。1958 年他毕业于中国人民大学,被分配到设在天津的河北财经学院任教。1970 年调入开滦马家沟煤矿,实现了与妻子的团聚。1980 年调入河北矿冶学院(现华北理工大学),得以重返讲坛。他的学术研究与教学生涯均取得骄人成就。

笔者与王教授有近 30 年的交往和友谊,此前曾对他的多部专著仔细研读,并撰写了《那一棵大树的阴凉》《先生之风》等文章,发表在《中国减灾》《中国建设报》等报刊。长篇纪实文学《废墟上拓荒的学者》将于唐山地震 40 周年前夕出版发行。

2016 年的一个春日,笔者再次对王子平教授进行访谈,内容涉及灾害社会学诸多方面。1976 年唐山地震至今,40 年的光阴转瞬即逝。这些年来,王子平一步一个脚印,艰难行进在灾害社会学研究的“废墟”之上:为唐山大地震作史——地震灾害研究——唐山及河北地震灾害实证研究——一般灾害研究……

我们的谈话,自然还是从 1976 年那场变故开始的。这是因为，举世震惊的7.8级唐山大地震是王子平从事地震社会学、灾害社会学研究的直接导体。打个比方，恰似当年牛顿发现了苹果落地，并且异于常人地“琢磨”了这一现象，才有了后来那个世人皆知的定律。

笔者：王教授，2016年7月28日，对于唐山乃至整个人类、整个地球而言，都是一个极为特殊的时间节点。在“7·28”这个日子，每一个唐山人都会发出自己的感慨与祈祷。您作为一名灾害社会学家，同时也是唐山大地震的亲历者，对那次地震的记忆是否依然清晰？还有，对那次地震的认知是否有所改变呢？

王子平：我家6口人（岳母、夫妇、3个女儿）真是万幸，平安地渡过了这场旷世巨灾。当时的情形，我却永远不会忘记。那天凌晨，我被大地的剧烈颠簸和震动惊醒，慌乱中爬到另外的屋子，抱起小女儿、拉着两个大女儿，和岳母一起从窗户逃了出去。一会儿，妻子也逃出来了。待平静下来时，发现我家的房子竟没有倒塌。从废墟中逃出来的人们，大都是半裸着身子。

在唐山地震中，我还有一次奇异的经历，就是见证了下午6点45分7.1级强余震的发生。当时我正和妻子搭建窝棚，忽然大地伴随着隆隆声颤动起来。我们待的地势很高，是在马家沟“大坑”的边沿上。我向西北远方望去，只见地表如同大海波浪那样，剧烈地起伏、动荡、摇晃。村庄、道路、树木、厂矿建筑、居民住房等都如同大海波涛上的船舶、漂浮物，摇晃、摆动、颠簸……

那情形，实在让人心惊肉跳，魂飞魄散。我当时的唯一意识就是太可怕了。我想，大自然的巨大威力，人是无论如何都难以抗拒的。我对于自然和人的关系的认知，陡然之间发生了一个转折性的改变，也可以说是一个颠覆性的改变。这一改变，直接为后来的灾害研究奠定了一个坚实的基础，在我后来的灾害研究成果中有明确反映。多年以来，我的这种认知日益刻骨铭心。

时至今日，王子平仍感慨道：“这是真正的、令人战栗的自然奇观。”唐山大地震用毁灭、鲜血、死亡告诫人类：对大自然不可、不要、不能心存轻慢。人们首先和必须要做的是对大自然恭敬、畏惧、收敛，在大自然面前，人其实是很渺小的。而亲历震后灾时社会，对于他的灾害研究亦大有裨益。

二

笔者感到，王子平对于灾害长达几十年的研究，可以分为三个学术台阶：主编《瞬间与十年——唐山地震始末》，可称为第一个学术台阶;与合作者所著《地震社会学初探》,可称为第二个学术台阶;所著《灾害社会学》,可称为第三个学术台阶,堪称任何时候都无法被忽视的“灾害哲学”之书。

笔者:王教授,您的学术实践,尤其是灾害社会学研究成果,已经在国内外产生了重要的影响。冰心说过:“成功的花,人们只惊羡它现实的明艳,然而当初它的芽儿,浸透了奋斗的泪泉,洒满了牺牲的血雨。”我想,您在灾害研究中的那些故事,是很值得更多的人分享的。我也愿意再一次倾听您的讲述。

王子平:1986 年 7 月,我主持编写的《瞬间与十年——唐山地震始末》一书出版,这是我研究地震灾害迈出的第一步。它是对唐山 10 年抗震救灾史的研究与总结,也是我后来诸多研究活动的基础。1982 年 10 月,我作为唐山市政协委员出席会议,并就此事写了提案。1984 年春,也是在一次政协会议上,我与市档案局一位副局长同属一个小组,他建议由我做这件事,我当即答应下来。

此书的撰写等于给唐山市委、市政府领导全市人民抗震救灾工作作出评价。那时,“文革”虽已结束,但派性以及“左”的观念依然左右着人们的思想和行动。当时,王子平只有“市政协委员”和河北矿冶学院“讲师”两个身份。编写组成立后，编写人员查阅了海量抗震救灾资料，访问了大量相关人员。

王子平的设想是：要写出灾区人民所遭受的巨大牺牲和痛苦；写出灾区人民在灾难面前是如何勇敢地站立起来，如何面对地震灾害作出英勇对抗，最终战胜灾难的英雄无畏精神，同时表达出灾区人民对党、政府和人民解放军的感激之情；要运用社会学理论分析地震引发的社会问题，以及对这些社会问题的解决方法。

王子平：市委书记岳岐峰在我的报告上作出批示。市委领导召集有关部门研究提纲。最初，书名定为《天灾与人》。书稿完成后，我和编写组一位成员来到地震出版社，商谈出版事宜。到第三天，出版社告知接受书稿，但除了稿件本身尚需修改外，必须经过市委审查通过。书稿的修改并不是很难，我担心的是对书稿审查可能出现的难度。

市委组织了一个包括原唐山地委、市委主要领导在内的15人审查班子，用会议方式对书稿进行审查。我面前这么多地位高、权势重的人，像是矗立在激流浅滩中的15块大石头，我划着小船，无论碰上哪块都会因“触礁”而翻船，掉下水去。而且，这15位审查者存在分歧。自1985年12月至1986年1月，审查小组前后召开了5次会议。

这个过程虽有波澜，大体还算比较顺利。苏锋、杨远、郭耀臣三位老领导给了我极大支持和帮助。第4次是他们3人单独开会，要我参加。苏锋同志说："我们的任务是帮助子平同志通过这一关，把书印出来，而不是找个什么理由将书枪毙掉！"《瞬间与十年——唐山地震始末》终于面世，作为一份礼物赠送出席抗震10周年纪念活动的党和国家领导人、新闻媒体及各界人士。

王子平与合作者所著《地震社会学初探》一书，是他从废墟上研究灾害出发迈出的第二步。这一研究还是围绕地震问题展开，同时把地震灾害现象理论化。地震本身是自然现象，地震造成的灾害则是社会问题。因此说，《初探》源于《十年》而提升、超越了《十年》。对于笔者的这个说法，他表示同意。

笔者：王教授，《瞬间与十年——唐山地震始末》一书，在出版的当月我就读过它，而且还在书上作了标记。我在阅读时很少这样做，除非感触有些特别。《地震社会学初探》一书，我也是在它面世不久后得到，而且也是很快、很认真地读了。最近一些时日，我还打开它翻看过，构建一个学科体系，太不容易。

王子平：我在大学里学的是经济学，并多年从事经济学教学工作。主编《瞬间与十年——唐山地震始末》完全是出于一种责任感,这件事也曾被人视为“不务正业”。按照我的学术研究计划,此书出版后地震灾害研究即画上句号。我想回到两项重要研究中去:一个是劳动工资分配制度改革;一个是农村改革与发展。可是,就像有一种力量牵引着我,对于地震灾害的研究欲罢不能。

当时我想,通常人们讲的地震灾害应当是由相关联的两个因素构成:一个是地震这种自然现象,一个是地震引发的灾害。而为人们带来祸患的灾害,是一种社会现象。倘若这一想法合理,那么由国外传来、尚未窥见全貌的“地震社会学”应当就是研究地震引发的社会现象,从而作为社会学庞大体系的一个重要分支。这是一个新的重要的研究领域,应当将问题引向深入。

我认为,做这件事需要勇气,要付出超过别人的辛苦,还要不惧怕失败与挫折。当时,我还承担着多项必须完成的事情,还有就是我的知识结构有欠缺,就联合陈非比、王绍玉两个人来做。研究活动始于1986年下半年,靠业余时间做。由唐山地震这个具体震例出发,在当时资料、信息匮乏的条件下,力所能及地搜集国内外有关地震的资料。

《地震社会学初探》一书于1989年2月出版,立即获得学术界尤其是地震学界的高度评价。1996年7月,王子平主编的《地震文化与社会发展——新唐山崛起给人们的启示》一书出版,对地震灾害所引发的文化现象作出开发与阐释,这使得王子平和他的合作者创立的中国地震社会学理论体系更加完整和丰富。

笔者:王教授,您启动并参与主持的两项重要实证研究成果,即《唐山地震灾区社会恢复与社会问题的研究和对策》《河北省震灾社会调查》,获得了数以百万计的数据,证实了与您的合作者在《地震社会学初探》一书中提出并作了系统论述的有关地震社会学的概念与理论。它们的价值被学界所看重。

王子平:《地震社会学初探》一书所提出的一些概念及理论,大多还是经验性、描述性的抽象与概括,从严格的科学意义上讲,还需要大规模调查所得数据的证实。我有一个愿望,就是组织力量来完成这件事。这要找到志同道合的人,还要筹集到必要的资金。当条件成熟后,就启动与主持了唐山与河北两项研究课题,开展了具有重要学术价值的"地震社会学"实证研究。

两个课题在地震社会学的理论指导下开展,发挥了社会学整体性、交叉性和综合性的特点。在"唐山课题"实施过程的一次会议上，国家社科基金会代表说："原以为社会学在河北是一块空白，此次却惊喜地发现，唐山有这样一支队伍。"1996年7月，《河北省震灾社会调查》出版。1997年12月，《唐山地震灾区社会恢复与社会问题的研究》出版。

2009年夏，美国普林斯顿大学华裔教授张耀宏，竟将70多万字的《唐山地震灾区社会恢复与社会问题的研究》整部复印。他背上沉重的行囊将此书带往国外，在遥远的旅途中悉心呵护。因为，他深知这部书的价值所在。2011年夏，这位美籍华裔教授再次来访，对有关唐山地震救灾事项再作交谈。

笔者：王教授，您所著《灾害社会学》一书，应该是您从废墟上出发，进行灾害研究迈出的第三步。这部专著，已经由研究地震灾害转向研究一般灾害。它是站在灾害哲学的高度上，把所有的灾害都抽象化了。它是您灾害研究的一项重大成果，是用社会学的理论和方法研究灾害的一座高峰。

王子平：我一生的许多时候，都是伴随着灾害度过的。4岁那年，我曾看到日军骑兵在家乡驰过，这几乎是我最早的人生记忆。为了躲避日寇扫荡，10岁那年的整个冬天，我都随同父母睡在潮湿、阴暗的地道里，浑身长满了疥疮。抗日战争期间，我的家乡接连发生数次雹灾、蝗虫灾、黏虫灾等自然灾害,其残酷景象令人不寒而栗。这些还都是在中华人民共和国成立前经历过的。

在“三年严重困难”时期,我的体重曾减少了40多斤,整个人变得面目全非。疾病尤其是高血压长期折磨着我,身体到了几近崩溃的边缘。在唐山大地震中,我更是死里逃生。1981年7~8月,我参加中国农村发展问题研究组,赴安徽省滁县地区调查农业生产责任制发展状况。这次调查,必然地涉及包括凤阳县在内的这个地区所经历的多种灾害或灾难。

地震社会学作为一门应用社会学,兼具理论性和实践性,对于它的全面研究应包括理论研究、实证研究和应用研究三项内容。按照一般的“规律”,接下来应当做的是应用研究,即运用社会学原理,结合我国抗震救灾的经验教训,进行地震灾害的对策研究。

王子平的学术性情却与众不同。他对于理论问题的兴趣似乎是与生俱来的。别人眼里那些枯燥无味的“理论”,在他大脑中竟变得生机盎然、枝繁叶茂。他想继续扩大自己的眼界和胸怀,对人类面临日益严重的整个灾害体系与趋势,作出更为深入、更为全面也更为抽象的思考。

王子平: 1995年8月,我接到武汉大学郑功成教授的来函,说和马宗晋院士正在策划编辑出版“中国灾害研究丛书”。该丛书是在钱学森、李贵鲜等同志以及国家计委、国家科委、国家减灾委的支持下发起并组织的，列入国家“九五”规划重点图书。其中的《灾害社会学》由我来写。这部书的写作很艰难，它比任何一部付出的心血都多，我曾称之为“穿越地狱的行旅”。1998 年 9 月，《灾害社会学》一书出版。

关于这部《灾害社会学》，笔者阅读的时间较晚一些。第一次拿到它时，封套已经有些破损了。打开书的内文，轻捷而又迅速地翻阅着，竟发现多处地方作了标记，而且用的是铅笔。王教授所得样书有限，便让人代买了这本旧书。作标记的人显然并不认识笔者，但笔者看重这位读者认真阅读此书的态度。

三

在中国地震社会学和中国灾害社会学两个领域，王子平的学术成就他人可以超越，但却无法忽视，更无法替代。科学的“地震灾害观”“两难”中的地震预报、生存条件和生存能力、精神救灾、“大防御”战略思想、灾害体系、双向双效关系等都是他对这两个学术领域的突出贡献，得到了媒体及学界的广泛赞誉。

（一）关于科学的“地震灾害观”

笔者：王教授，关于科学的“地震灾害观”，您在自己的著作、文章中，以及接受媒体采访时，都有过非常全面、详细的阐述。我觉得，这里面不但讲了世界观问题，同时也讲了方法论问题；这是一个实事求是的“三段论述”，认识论和方法论都体现了科学性。

王教授：我对“新唐山人”的科学的“地震灾害观”，主要是从以下三个方面讲的。

第一，“地震是可怕的灾害”。这是地震灾害观的基础。它的形成源自古代，唐山大地震为世人提供新的认识，是让人们进一步了解到地震灾害的立体性和全方位性。也就是说，它不仅会伤及人，而且会破坏社会；不仅会毁灭物质性的生存条件，而且会损坏社会性的生存条件；不仅会严重影响到灾区人民当前生存，而且会使灾区社会和人的长远发展受到阻遏；即以对人的伤害来说，它不仅会造成人生命的丧失，而且会损害人的心理与精神世界。

第二，“地震时人并非完全无能为力”。这反映了对于人与地震灾害关系的新认识、新观念。研究表明：即使在地震发生、房倒屋塌的情况下，人依然有着生存空间，有着防卫和保护自己的可能。尽管这“空间”极小，“可能”极少，但的确存在着，其关键在于人们在地震发生时及发生后，能否采取及时、适当、有效的避险和自救行为。唐山地震中，在被统计的974例幸存者中，有258人采取了避险措施，其中183人取得成功，占72.9%。

第三，“关键在于用科学知识武装人自身”。这是在牺牲了数以十万计的生命之后，所得出的珍贵历史经验。对唐山地震时观察到宏观前兆的509人的调查表明，地震时处于清醒、半清醒状态的占33.8%；地震前已得到某种程度关于地震消息并采取避险措施的人占75%，而这部分人的文化程度与其行为有着明显关系：具有初等、中等和高等文化的人中，采取避险行为的比例分别为61.6%、70.0%、84.3%。科学知识在地震时可以让人有所作为。

（二）关于“两难”中的地震预报

笔者：王教授，您和您的合作者的研究表明，地震预报绝不是一件简单的事情。它的复杂程度简直令人难以想象。为此，在《地震社会学初探》一书，专门设立了“两难中的地震预报”一章，来讨论这个问题。这样做可以澄清人们的许多模糊认识，让人们更加科学地对待地震，这一点很重要。

王子平：成功的地震预报，必须达到三个方面的要求，缺一不可。一是科学上的准确性。要准确地预报出地震的时间、地点和强度。二是程序上的严密性。地震预报的发布是一个过程,由预测、决策到发布,涉及众多部门、多种程序。这种程序必须严密无疏漏,必须有以法律为保证的权威性和严肃性。三是公众配合的默契性。地震预报发布后,要求社会公众作出适当而必要的反应。这反应达不到规定的要求或者过度,都将不能实现防灾的目的。

以上这三个条件,别说在唐山地震时的1976年,即使在40年后的今天,中国依然没完全具备。也可以说,世界上任何一个国家也没完全具备。在当今世界上,就地震预报这项科技而言,中国尚属于先进的位置。因此,地震预报目前还处于研究阶段,探索阶段,绝不是一蹴而就的事。

王子平:再加上地震预报本身如下“三个特点”,使得地震预报这件事变得更加复杂起来。第一,地震预报的后果具有两极性:非利即害,这导致在预报工作上,报也难,不报也难。第二,群众心理的不稳定性会使地震预报后果的两极性变得更为突出。第三,政府对待地震预报(预防)工作的态度上也存在着两难性。总之,就地震预报而言,它的成功与失败,取决于自然科学和社会科学的发达程度,取决于社会能否为成功、有效的地震预报提供必要的条件。

（三）关于生存条件和生存能力

“生存条件”的概念，在《瞬间与十年——唐山地震始末》一书“结束语”中第一次提出，在《地震社会学初探》一书有所论述；“生存能力”则最早见于《地震文化与社会发展——新唐山崛起给人们的启示》一书。将灾害、生存条件和生存能力联系起来进行论证，是在《灾害社会学》一书中完成的。

笔者：王教授，在《灾害社会学》一书，您对人的生存条件与人的死亡、对救灾工作的意义、构成要素、社会学特性，人的生存、生存条件和生存能力，生存能力同灾害的关系，生存能力的表现形态、构成要素，生存能力的发挥需要一定条件、生存能力的特征等论述透彻，生存条件与生存能力概念甚为明朗。

王子平：所有灾害的共同特征就是威胁到人的正常生存。所谓生存条件，是指人的生存与发展所必需的全部环境、资源与财物。构成人的生存条件的基本要素有自然、社会和人自身三个方面。生存能力，提供着人生存所必需的动力和操作能力。对于人的生存来说，生存条件是一种外部因素，是人在生存过程中进行物质及能量交换的对象物，而生存能力则是一种内部因素，是生命的本体，是人的生存过程的实体或体现。

生存的自然条件，包括自然环境与自然资源，是围绕着人类这个主体、占据着一定空间，为人类生存提供着生存条件的物质实体，是构成人类生存条件所依赖的各种自然物质的总和。就自然条件而言，又可分为自然环境和人工环境。后者是指自然界原本没有，人类为了自身需要而通过劳动在自然物的基础上加工建造出来的各种环境。无数事实告诉人们，地震本身很少能够直接将人“震”死，绝大多数情况是地震导致房倒屋塌，从而造成人的死亡。把房子建结实或者把震坏的房子尽快建好，是提高生存条件的一项重要工作。

（四）关于精神救灾

笔者：王教授，精神救灾是您提出的一个重要学术概念。这一概念将人们的认识从个体感性上升到了整体理性，从模糊懵懂引领到了清晰明朗。我曾查阅过大量资料，不只是那场唐山地震，中国的邢台地震、汶川地震以及发生在国外的地震案例等，都可以成为这一学说的佐证。

王子平：地震后，我被一件事情所震惊。我家对面人家有个年轻姑娘，地震当天下午遇到她，见她浑身是血，疲惫、憔悴。地震发生后，她投入了从废墟中扒救遇难者的行动。可是，谁也没有想到，3 天后那姑娘竟寻了短见。到底为啥，却没有一个明白的说法。在研究地震后人们思想、情绪和行为变异等问题之后，才大概明白了其中的缘由。其实，这位年轻姑娘寻短见正是地震发生之后人的精神世界崩溃、破灭的具体体现。

唐山地震之前，人们对地震灾害造成的后果，大多只注意到对人的生理伤害，也就是死与伤上，而对人的精神世界在地震中的伤害却了解甚少、注意甚少。一场严重的地震，在伤及人的生理的同时，也会对精神世界造成损伤。而且，这种损伤还会继续形成。换句话说，对人的精神的严重破坏，会使精神世界瓦解，从而造成一种精神的废墟。人们在遭受物质废墟痛苦的同时，也遭受着精神废墟的磨炼。这是一种精神的炼狱。唐山人在精神炼狱经受着磨难。

笔者从有关书籍中读到：1966 年 3 月邢台地震中，在极震区发生自杀事件数起，如 3 月 8 日 6.8 级地震后，白家寨乡发生个别灾民自杀；3 月 22 日 7.2 级地震后，任县天口村有 4 名青年妇女穿上新衣服等死。她们说："穿上新衣服吧，不知啥时陷下去哩。到那时就穿不上了。"可见，灾民意识是何等的强烈。

王子平：对唐山地震灾害进行社会学研究，一开始便对人精神世界的塌毁以及精神救灾问题给予关注。《地震社会学初探》一书提出："精神救灾是地震救灾的另一项重要内容。

其核心任务是唤起灾民的主体意识，振奋战胜灾害的信心和勇气，使之获得生存下去并重新发展起来的精神方面的力量和条件。”提出精神救灾的基本内容和措施：各方沟通联系，帮助灾民树立抗灾信心；形成正确舆论，强化主体意识；强化行为规范，稳定社会秩序；制止谣言流传，防止新的动乱。

《地震社会学初探》一书提出：“唐山地震救灾活动积累的有益经验之一就是始终注意并重视了精神救灾。由于适时地提出了‘恢复生产、重建家园’的口号，并广泛动员灾区人民参加这一斗争，所以在唐山灾区，虽然也出现并存在过灾民意识，然而，不仅程度轻，而且时间短。唐山人是灾民，同时又是新唐山的建设者。外国友人盛赞‘唐山人民有一种坚韧不拔的精神’。事实上，地震中压埋了那么多人，绝大多数都是唐山人自己救出来的（包括自救与互救）。”

（五）关于“大防御”战略思想

笔者：《地震社会学初探》一书，归纳了四种地震成灾机制，即原生灾害、直接灾害、次生灾害和诱发灾害。在唐山地震发生及其以后的长时间里，对于地震防御和减轻震灾问题，人们大多只是考虑到两种对策：一是地震预报，一是地震救灾。您和合作者作了大量分析研究后，提出了“大防御”战略。

王子平：地震预报对于防御和减轻地震灾害具有重大意义。倘若，在科学技术上解决了准确预报的问题，是否一旦准确预报了地震就一定能够防御、减轻甚至避免地震灾害了呢？其实不然，《地震社会学初探》一书举例说：1975 年 2 月，辽宁海城、营口一带发生 7.3 级强烈地震。尽管有临震预报，因无系统的工程抗震措施，损失仍十分严重，1 300 多人震亡，破坏房屋 508 万平方米，农村房屋震毁 87 万多间。

震灾防御可以分为狭义和广义两种。狭义震灾防御，是指震灾预防。而广义震灾防御，则是指在狭义震灾防御的基础上，通过一系列进一步措施，在地震已经发生的情况下，采取减轻灾害的应急措施，并防止次生灾害的发生，保证灾区人民不再遭受新的伤害。后者便是王子平与合作者提出的“大防御”战略。

王子平：所以要提出“大防御”战略，是因为震灾的发生是一个过程。它始于地震的发生，却并不止于地震的停止。地震之后，由于人类生存条件的破坏，会发生一系列连锁反应，造成一系列继发性灾害，如火灾、水灾、饥荒、瘟疫等。这种种继发性灾害将会继续伤害幸存下来的人们。因此，震灾防御应贯穿在震前、震时、震后这一全过程中。全面的地震灾害防御，必须切实解决好以下三个方面的任务。

第一,震前做好一系列防范工作,以求地震发生时不至于大规模破坏人工建筑等人的生存条件,进而伤及人的生命。第二,地震发生时,在人工建筑物等生存条件遭到直接破坏的情况下,人们运用自己的精神力量、智慧和知识以及其他可以利用的一切条件,尽可能地避开危险,保存自己。第三,地震发生后,防止发生新的继发性灾害。这一条,通常被认为是救灾的内容。其实,既然是防止它的发生,那就应当属于震灾防御的内容。

震灾防御是一项具有广泛内容的社会活动,它需要动员包括政府、科技工作者、公众和社会群体等各方面的力量共同完成。即通过各种手段抗御地震灾害,防护人的生存条件遭受破坏,从而使灾区人民能够正常地或基本正常地生活。这一“大防御”战略思想,是20世纪80年代末提出来的,至今依然有着它重要的现实价值。

(六)关于灾害体系

笔者:王教授,您的《灾害社会学》一书,规定了灾害社会学特有的研究领域和研究对象。它是运用社会学理论与方法研究灾害发生、后果及减灾的整个过程中所发生的社会现象与社会行为的一门应用社会学。这就确立了这一学科在学术之林中的独有地位。这是一棵充满生命力的茁壮成长着的树。

王子平:可以这样讲的。这主要表现在三个方面:一个是与其他应用社会学区别开来,它所研究的是灾害条件下的社会现象、社会行为与社会问题;一个是与其他灾害学区别开来,它是在社会学理论的指导下,运用社会学的方法亦即实证的、综合的、逻辑的方法来进行研究;一个是与其他灾害对策学区别开来,它的意义在于为灾害对策学提供一种理论的指导和抗御灾害的思路。这些方面,在书中也都提到了。

《灾害社会学》着眼于人及人的生存,全面地界定和论述了大灾害观。即由自然的或社会的原因造成的妨碍人的生存和社会发展的社会性事件。从社会学意义上讲,灾害就是人的需要满足过程的非正常中断。在这里,有三个要素制约或决定着灾害的内涵。首先是人。灾害是针对人的生存而提出的,离开了人无所谓灾害。其次是需要。人的生存是需要不断被满足的过程,需要构成灾害的实体性内容。最后是"非正常中断",正常中断不会构成灾害。

笔者从书中看到,灾害社会学的支撑概念,除了灾害这一基本概念之外,还有生存条件和生存能力。在此基础上,又派生出灾害机制、灾害文化、灾害意识、灾害观念、灾害心理、灾害道德、灾害对策、灾害宣传、灾时社会问题、灾时社会控制等概念。它们大体是属于灾害社会学特有的概念。

王子平:《灾害社会学》一书构建的灾害体系包括自然灾害、社会灾害和人为灾害三大类,每一类中又可分为三个亚类:

自然灾害,包括气象灾害(洪水、干旱、风暴灾等)、地质灾害(地震、水土流失、滑坡等)、生物灾害(传染病、物种灭绝、生物入侵等);

社会灾害,包括政治灾害(侵略战争、社会动乱等)、经济灾害(经济危机、市场欺诈行为等)、文化灾害(文化灭绝、黄毒泛滥等);

人为灾害,包括人工自然灾害(环境恶化等)、人为事故灾害(交通及生产事故等)、人为科技灾害(核泄漏等)。

上述灾害体系,涵盖了灾害的方方面面,世间所有的灾害都被这个灾害体系所覆盖,所笼罩,所吸纳。依据灾害的这一定义和体系,不仅自然是灾害的本原,而且人和社会同样在制造各种灾害或灾难。由此,也就引导出灾害防御思想和策略的变革。这一灾害体系曾经被学术著作、论文大量引用。

(七)关于“双向双效”关系

笔者:王教授,您有一个重要的、辩证的灾害观点,就是“双向双效关系”。这在《地震社会学初探》《灾害社会学》中均有阐释。灾害破坏着人类的生存条件,同时也推动着人类的发展和进步。人们在灾害发生后所进行的整合、重建、反思和研究,是科学技术进步、经济发展、社会生活方式变化的重大动因。

王子平:是的,灾害会造成对人的伤害,又会在事实上锻炼人,使人成熟起来;人为生存而与灾害进行抗争,同时却由于自私和短见,也在加剧灾害,从而危害自己。英国科学家波力奥在其主编的《理解灾变》一书中强调:“地球主要以地震和飓风等自然灾害形式来表现它的力量,即使在今天,它们对人类也会产生破坏性影响。从此中意义上讲,地震是激励人们探索地球奥秘的主要动力。邢台地震和唐山地震,都说明了这种既破坏又促进的关系。”

在《灾害社会学》一书中,在谈到环境灾害以及如何处理人与自然的关系时提出:“对于人类来说,十分迫切的是,人要不断地完善自身,这所谓完善包括人对自身的发展,也包括人对自身的约束。”“节制或约束是成熟的表现,这是一个许多人不希望、不愿意思考的命题,可历史的发展已经到了非思考不可的地步了。”灾害是人、自然、社会之间的平衡被破坏;人类的抗灾、减灾则是重建自然、社会与人三者之间的平衡与和谐,而决非要战胜什么。

这部《灾害社会学》告诫人们:我们经受过那么多的报复与惩罚之后,才开始重新认识“人是自然界的一部分”这一古老的命题。既在抗御灾害,又在制造灾害,这就是人对于灾害的正负作用,也是人对于灾害的全部行为。所以说,人类如果不能真正约束自身,便不可能摆脱灾害怪圈的恶性循环。

王子平:我将自然、社会及人为灾害并列,构成一个能够容纳所有灾害的体系。这样一来,人及社会既是灾害的受体,也都成为灾害的根源(主体)。社会灾害与人为灾害皆源于非自然的社会及人文因素,由此也就决定了减灾防灾的范围与任务必然地扩大到自然、社会与人。从灾害防御角度看,人类所要面对的除自然之外,还有人及社会自身。这就是我提出的‘灾害三系列’,并在《灾害社会学》一书作出了详细的阐释。

台湾学者张晨以《灾害学启示录》为题,对《灾害社会学》作出高度评价。文章说:“大陆湖南人民出版社出版了中国第一套‘中国灾害研究丛书’,……从各个角度介绍、论述了各种灾害的发生、发展以及对人类的影响,人类防范灾害的措施。这中间尤以《灾害社会学》的视角最令人耳目一新。”

我国灾害学家金磊认为:“王子平之所以执着地从为唐山作史、从地震社会学拓展到灾害社会学的研究,在于他希望让生命在灾难中获得新生。他是能够让灾难经历转化为精神财富的学者、智者，其超群的学术成果在当下乃至将来，无论是对学科发展的影响还是在实践中的作用，都是不可低估的。”

20年前，王子平在写完《灾害社会学》一书的后记时，心中忽有所动写成《题〈灾害社会学〉》一诗：“偶然必然皆自然，灾害伴我如许年。一腔心曲寄天地，愿化此身酬平安！”

这个访谈录的题目，即出自此诗。

（原载2016年8月下半期、9月下半期《中国减灾》）

他还在路上

——灾害社会学家王子平教授十年来的新思考

记得几年之前，王子平教授的老朋友、中共河北省委宣传部原副部长白玉民，曾经写给王子平如下的一段话：

“你的进取精神令人钦佩，你的灵魂永远骚动着，挣扎着，叫啸着，耄耋之年仍负重前行。900 多年前北宋思想家张载曾写下‘为天地立心，为生民立命，为往圣继绝学，为万世开太平’的词句，体现了中国士人一以贯之的使命自觉。你正是承继、实践了这种精神。”

作为中国灾害社会学、地震社会学的奠基人，王子平取得了一系列令人瞩目的研究成果。代表性著作有《瞬间与十年——唐山地震始末》《地震社会学初探》《地震文化与社会发展——新唐山崛起给人们的启示》《灾害社会学》，以及大型调研报告《唐山地震灾区社会恢复与社会问题研究》《河北省震灾社会调查》等。

多年以来，学界对王子平的学术成就给予肯定、赞赏和高度评价。唐山地震 30 周年时，新华社、中央电视台等数十家媒体聚焦王子平,对他的研究成果和事迹作了重点采访报道,产生了积极广泛的社会影响。

王子平 1934 年生于河北望都，1958 年毕业于中国人民大学,被分配到设在天津的河北财经学院任教。1970 年调入开滦马家沟煤矿,与在唐山的家人团聚。1980 年到河北矿冶学院(现华北理工大学)任教。灾害社会学与地震社会学研究主要是在他“再教书”的过程中,以及在 1998 年退休之后进行的。

照理说,唐山地震 30 周年时,王子平已经是 72 岁的老人,而且早已“功成名就”,本该颐享天年了。然而,他对于灾害的新思考从未停歇,他还是在往前走着,他依然站在这一领域的前沿。他就像燃烧的晚霞,一直点缀着学界的天空。10 年来,尤其是汶川大地震发生之后,他的新思考集中反映在媒体采访、论文发表以及为他人著作所撰写的序言中。

其中，2008 年之前发表的《论地震灾害观》(2007 年第 6 期《城市与减灾》)、《炼狱中的重生——唐山地震救灾经验的启示》(2008 年 5 月 29 日《社会科学报》)、《唐山“精神救灾”对汶川的启示》(2008 年第 11 期《人民论坛》)等,大都是对灾害问题的完善,使得相关学术思想更加系统化。

2009 年之后发表的《记录瞬间,留住美好——〈唐山人在汶川〉序》(新华出版社2009年版)、《论精神世界重建——纪念汶川大地震两周年》(2010年第3期《城市与减灾》)、《对心灵整合之路的探求——精神救灾:从唐山到汶川》(载《汶川大地震冲击波》,天津大学出版社2011年版)、《地震救灾内涵的深刻扩展》(2011年5月11日《中华读书报》)、《传统文化的灾害学价值》(2013年第2期《城市与减灾》)、《自然灾害的社会学解析》(2013年第3期《城市与减灾》)、《重建天人和谐的历史长卷》(《"5·12"汶川大地震抗震救灾纪实》序,电子工业出版社2015年版)等,大都是灾害问题的深化,提出了新的课题并加以论述。

唐山大地震40周年前夕,笔者将王子平的新思考作了一次梳理。他的研究中,精神世界的重建、地震救灾内涵的深刻扩展、自然灾害的社会学解析、传统文化的灾害学价值四个方面对笔者产生的触动最大。在我最近一次对王子平的访谈中,它们成为了一个个重要的话题。

一、关于精神世界重建

笔者:王教授,您在《地震社会学初探》《灾害社会学》等论著中,都对精神救灾问题作了充分阐述。而"精神世界重建"的提出,则是在汶川大地震发生之后,也就是说,它是有着新的灾害问题背景的，是新的灾害社会学实践促使您作出的又一个新的，具有现实意义与历史意义、实践意义与学术意义的思考。这是您对地震社会学、灾害社会学思想的一种完善。也可以说，是一次突破和升华。

王子平：是的。2008年5月12日，汶川发生了8级强烈地震。当天晚上，我从电视新闻中得到这个消息。就在地震的第二天，各路记者纷纷登门采访，仅在5月13日一天，就接待了5拨来访的记者。他们的采访，主要是想从唐山地震救灾的经历中挖掘出可资汶川人民借鉴的救灾经验。看得出，每一位记者的心情都非常迫切，他们甚至将我有关著作的大部分章节复印了下来。

2008年6月12—13日，《人民日报》记者发表题为《唐山经验，如何助力灾区新生》的文章，刊登了对我采访的内容。我还将《瞬间与十年——唐山地震始末》《地震文化与社会发展——新唐山崛起给人们的启示》《地震社会学初探》编辑成《走出废墟——我们怎样应对地震灾害》一书，正式出版后由唐山市委宣传部代表灾区人民接受捐赠，实现了我以“知识”形式支援灾区的愿望。

汶川地震救灾活动中，心理干预还是比较普遍的，而且是有组织地开展起来的。这在稳定灾区人民情绪、恢复正常生活等方面有明显的效果。但在大规模救灾活动基本结束之后，却又出现若干因精神世界崩溃而导致自杀的事件。其中，影响最大、最为广泛的是冯翔自杀事件，全国震惊。2009 年 5 月 8 日，《齐鲁晚报》记者仲爱梅来访。她的采访集中在如何看待冯翔自杀以及连带地如何评价救灾过程中“心理干预”活动的问题。

就在这次采访中，我第一次提出了“重建精神世界”的命题。仲爱梅撰写的长篇报道《精神救灾汶川须谋长远》，刊登在《齐鲁晚报》上。文中转述了我一些新的思考：

“精神救灾不是简单的心理干预，而是要给人们重新树立起一个新的生活目标和信念，在精神废墟上重建一个新的精神世界。

“精神世界从破坏到重建，是一个复杂的社会系统工程，无形的精神伤害往往比有形的物质伤害更难以恢复，精神救灾不可能在短时间内就让一切焕然一新恢复如初了，根本不能急于求成。”

2010 年春天某日，《城市与减灾》杂志马智打电话给我，希望能为汶川地震两周年写点文字。这就是在该杂志当年第 3 期刊登的《论精神世界重建》。文章刊发不久，北京市地震局组织编写《汶川大地震冲击波》一书，执行主编马智又与我联系，希望由这一话题引发开来，撰写一篇长文。主要内容是对精神救灾和精神世界重建这一学术和实践命题作更深入、全面的论述和阐释。依照马智的要求，我写了万字长文：《心灵整合之路的探求——精神救灾：从唐山到汶川》。

我在文中设立了8个题目，记述了自己对于地震中人的精神世界从破损分裂到恢复整合、从精神废墟到精神救灾、从心理干预再到精神世界重建全过程的追寻和探索。这8个题目依次为：煤矿十年让我亲见“精神世界”；大地震对人心灵的撕裂；心灵整合与城市重建；双重废墟双重救灾的提出及其实证研究；唐山经验是全人类的财富；心灵干预在汶川地震灾区；冯翔事件对人们的警示；重建精神世界是一个系统工程。

文章在最后两个部分，重点论述了冯翔自杀事件对人们的警示，以及精神世界重建的内涵和途径。那么，冯翔自杀事件对人们的警示是什么呢？我通过审慎分析后认为：

“冯翔留下的博文及其他材料表明，他的自杀是一种理智行为，而非情绪冲动造成。心理学上讲，决定人行动的是认知、情感、意向，人的重大行为决定是三项要素综合作用的结果。

“首先，冯翔的认知因素发生逆转。由于失去儿子，并且对现实世界和人生厌倦，于是他构建了一个虚幻世界。那里有亲爱的儿子,有宽慰安抚,有亲爱平和。他头脑中出现并存在两个精神世界:一是现实世界,让他痛苦不堪;一是虚幻世界,令他无比向往。

"其次,冯翔的情感因素出现障碍。冯翔是一个重情重义,感情深挚的人,这本应成为他留恋现实世界的最大精神力量。认知出现逆转,他的常人情感急速弱化,而对虚幻世界的人——他的儿子——感情却日益强烈,情感转移为行动集聚了充分动力。"

对冯翔而言,儿子就是他精神世界的支柱,失去了儿子,也就意味着原来那个精神世界塌毁了。所以我认为:

"冯翔自杀是个人事件,但就其影响而言,却又是一个社会性事件,已经超越了个人心理情绪的界限。整个精神世界发生扭曲,出现缺失、缺口,冯翔已经不再拥有常人精神世界的完整建构。他在弃世前的博文中,深情而又冷静地向亲人、朋友倾诉、告别,进行托付。

"如此广泛深入的专业化心理干预和救助,为什么没有能够挽救冯翔以及其他自杀者的生命呢?汶川大地震发生时,改革开放已经进行30年,政治观念、社会思潮、经济关系、文化差异等多个方面都和当年唐山大地震后的情形有了巨大差异。这些差异所造成的影响,远远超越了心理情感的感性层面，从而深入到人的理性世界；个人行为在更大程度上由社会趋势所决定或制约；一些人道德的缺失使得人际关系呈现功利化，情感因素呈现边沿化。

“在这种社会历史环境中，人精神世界的核心部分一旦扭曲，就在理性层面制约和决定着人的行为。到这时，‘心理’救助便无从、无力‘干预’冯翔等人的‘理性’行为了。我在文章中提出，就精神救灾整个过程而言，应当包括三个阶段。

“首先，情绪安抚阶段。主要目的是引导、帮助灾民摆脱消极情绪。其次，意向引导阶段。在安顿灾民生活、解体家庭重组的基础上，运用物质和精神的各种力量与手段，强化和提高灾民的生存意志。最后，端正认知阶段。确立新的生活目标，在被摧毁的精神废墟上重建一个新的精神家园。

“在这一过程中，既需要来自家庭成员的相互鼓励与支持，也需要社会群体的关怀和引导。这是一个由多种主体、多种内容、多种渠道、多种方式组成的复杂的社会系统工程。在这一过程中，物质救灾与精神救援、物质世界重建和精神世界重建结合起来，才会收到预期的效果。”

二、关于地震救灾内涵的深刻扩展

笔者:王教授,关于地震救灾的内涵,您与合作者在《地震社会学初探》一书指出:“所谓地震救灾,是中央或地方政府动员和组织人民运用各种手段和力量,努力消除地震造成的灾害后果,以保证灾区人民生存下去并获得重新发展的必要条件的社会性行动。”2011年,又专门发表了《地震救灾内涵的深刻扩展》一文。相关文章也阐述了这一学术思想。还有些比较成熟的新思考,已经形成文字即将面世。

王子平:是的。在《地震救灾内涵的深刻扩展》一文,我提出:包括地震救灾在内的任何救灾,就其实质内容而言,都是对劫后余生人的救助。使他们获得必需的生存条件,恢复曾经拥有的生存能力,从而能够继续生存下去,并重新发展起来。生命生存是地震(及其他)救灾的永恒主题。而人的生命在完整意义上由两个部分构成:一是生理生命,由生理机体和功能构成;一是精神生命,主要包括认知、情感、意向等主观要素。

地震对人生命的伤害,除造成生理机能损伤乃至死亡之外,更会造成精神世界的损毁和坍塌。历史上地震救灾囿于认识上的局限性及社会必要条件的缺失,基本上局限于以物质资源对灾民生理生命的救助,几乎不曾主动关注灾民精神伤害情形从而进行有效救助。灾民意识的出现,不仅直接地影响到救灾的成效,而且更制约着灾后重建的开展。对于劫后余生人们来说,救灾就是向他们提供必需和可能的物质和精神资源以保证两种生命的存活和健康。

在我国地震灾害中出现精神世界严重损伤并伴随着精神救灾的进行,为什么会在唐山地震中出现?这是因为唐山具备了这样的社会条件。2008年汶川大地震发生后,在唐山经验的基础上,立即大规模开展有组织、有目标、有规范的心理干预,这是一次组织、人员、装备完备而富有成效的精神救灾。前面已经说过,汶川大地震一周年时发生的冯翔自杀事件再次警醒人们:单纯的心理干预并非精神救灾的完成,还有深入开展的必要,于是又有精神世界重建命题的提出。

从唐山到汶川发生的大地震和随后进行的包括了物质、精神双重内容的大规模救灾活动,以及几乎与此同时开展起来的中国地震社会学研究,从客观事实上使我国地震救灾形成了一个从思想观念到操作体制和技术装备上的完备体系。这一体系是地震救灾思想理念和实践的深刻变革与扩展。正如新华社记者在题为《唐山大地震给人类留下了什么?》报道中所说的:“唐山经验是对全人类的贡献。”同一个道理,汶川经验自然也是对全人类的贡献。

汶川大地震发生后，我先后为两部书作了序。这是反映汶川大地震的两部重要著作。在序中，我进一步阐释了对于灾害问题的认知。一部是，摄影集《唐山人在汶川》（成贵民，新华出版社，2009年版）：《记录瞬间，留住美好——〈唐山人在汶川〉序》；一部是，《“5·12”汶川大地震抗震救灾纪实》（王宁霞等，电子工业出版社，2015年版）：《重建天人和谐的历史长卷》（代序）。其中，《唐山人在汶川》序中有如下的说法：

“灾害、灾难如同影子追随着太阳一样，恐怕要和人类历史相始终。灾难是大自然造成的，但地震的发生不过是大自然内部关系的调整罢了，人无须仇视自然界，而当‘和平相处’；大自然的变故造成了大破坏，大灾难，但却激发了人性之美、之善。2008年，唐山从政府、群体到个人对南方冰雪灾害以及汶川地震灾害中灾区人民的无私支援，已经将感恩情感上升到一种理性的责任，一种自觉的义务，一种使命的精神。

“生存权是人类与自然灾害搏斗中所赢得的最神圣权利，人们需要也应当携起手来，用责任和义务来捍卫这种权利。灾难面前，是责任和义务把整个国家乃至整个世界联系在一起。善良，凸显着人的善良天性，凝聚着人生命的理性；责任，弘扬着人性的美好，筑起应对灾害的‘长城’；义务，张扬着大爱的胸襟，鼓舞着人们抗御灾害的意志。大地震让人们再次发现人性的美好和善良。在这里、在这时，通常情况下与人性之善相伴随的人性之恶，淡出了，甚至消失了。”

在《“5·12”汶川大地震抗震救灾纪实》一书序言中，我提出“天人和谐”的内涵有三层意思：

“首先是‘天’（自然界）本身的和谐，稳定的大地及良好的自然生态环境，为人生存与发展提供了适宜居住的地区；

“其次是‘天’（自然）与‘人’（社会）之间的和谐，人适应着居住地区的自然条件，建造起生存所必需的人工构筑物如房屋、道路、桥梁等；

“再次是‘人’（社会）与‘人’（社会）之间的和谐，这是人在自然提供的生存环境与条件中，由历史发展而逐步形成的，包括社会群体之间以及个人之间的和谐与有序相处。”

我提出：“天”与“人”之间的这三重和谐，构成一个充满生机、蓬勃盎然的人类栖息地，繁衍生息，承继而不断。但当一场破坏性大地震发生后，其直接结果，就是导致上述三方面平衡与和谐的瓦解与毁坏。

“天”即自然本身发生诸如山川崩裂、河流阻塞等灾后现象，进而引发人工构筑物倒塌、生存条件损毁、社会组织与生活失序，致使地震中活下来的人们也难以生存下去。而饱受突发巨灾（亲人伤亡、财产损失等）打击的人们，一时之间又会出现生存意志的弱化，导致精神废墟的产生与存在。

这是从“自然”到“社会”再到“人群”三者之间原有和谐关系的全面崩溃。所以我认为：

在这种情况下，救灾活动面临的任务或使命，就其核心或实质而言，就是全面恢复、重建“天”与“人”之间的三重和谐，让地震中活着的人们能够活下去，并创造条件再发展起来。

关于救灾与重建的主体问题，我结合唐山大地震作了新思考。灾民主体性发挥，是不能被遗忘的唐山经验之一。从受灾的第一天起，唐山人民就没有把自己单纯地看作灾民而消极地等待救援。震后10年，唐山人民始终是进行自救、建设新唐山的主力军。他们在遭受巨大损失的情况下，依然是这块土地上的主人，是自己命运、自己生活的主宰。从废墟下面第一批脱险出来的人立即展开了自救、互救活动，继而勇敢地、响亮地提出了“恢复生产，重建家园”的口号。

唐山市中心区广场高耸入云的唐山抗震纪念碑，既体现着唐山人民对伟大祖国、各族同胞手足的感激，也在昭示后代:他们的祖先是在一片废墟上重新建造了这座城市。正是这两个方面,构成了唐山这10年历史的精髓和真谛。即从物质上而言,唐山人民在这10年光景中也创造了大量财富。事实上,用于唐山市(不包括中央、省直属企事业单位)恢复建设的24亿多元资金,就是用唐山市在1979年到1983年5年间应当上缴国家的利润和税收来抵补的,国家并未另行拨款。

地震毁掉的是生存条件,没能毁掉的是人的生存能力。如果以人的生存为分析、判断问题的着眼点,会发现地震前唐山的全部文化存在且可以分为两大类或两个方面:一个是生存条件,包括房屋建筑、生命线工程、物质财富、城市公用设施等;一个是生存能力,主要指人的生存意愿与意志、对自然与社会的认知、对变化了的生活条件与环境的耐受力与适应力、在新的灾变条件下进行改造与创造的能力等。生存能力并没有随着生存条件的毁掉而毁掉。

以人生存能力的功能分,有基本生存能力和发展生存能力;以人生存能力的内容分,包括认知能力、情感能力和行为能力;以人生存能力存在形态分,有个人生存能力、群体生存能力和组织生存能力。我认为,唐山大地震发生之后,个人生存能力、群体生存能力、组织生存能力都发挥了巨大作用。在党中央、国务院的亲切关怀和全国人民的大力支持下,正是由于这三种力量的充分发挥，或者说，正是由于救灾与重建主体力量的成功启动，才重建了自然、社会和人三者之间的和谐。

三、关于自然灾害的社会学解析

笔者：王教授，自然灾害的社会学问题，原来就是您长期致力于研究的课题，出版了《瞬间与十年——唐山地震始末》《地震社会学初探》《灾害社会学》等代表性著作，以及两项大型调研报告，发表了大量价值很高的学术论文。《自然灾害的社会学分析》一文，则是您近年来的又一个新思考。这篇文章分析了自然灾害的两重性及其历史趋势，提出了解决人为自然灾害的社会学思路，坚信自然灾害将在可持续发展中逐步得到解决。

王子平：自然灾害作为一种客观存在，具有自然和社会两重属性，因而也就有着相应的两重特征。

自然灾害的自然科学特征主要有三。一是灾害形成的连带性。这是指不同种类的自然灾害之间在发生中的互相连带关系，构成一种灾害链，形成多种灾害接连发生的状况。二是灾害发生的周期性。自然灾害大多具有发生周期。周期性是说同一种灾害的发生在时间上有间歇或间隔，两次灾害之间会有一个时间上的距离。三是灾害后果的双重性。剧烈自然现象的发生对于自然界来说，首先在于实现了自然界本身所需要的平衡的恢复，而如超过一定界限，那就是灾害的发生。

自然灾害的社会学特征体现在它的双重性上。首先，是客观性与主观性的统一。这是指自然灾害作为一种存在的性质。自然灾害的发生由自然现象本身所造成，所以是客观的、必然的，人在灾害发生面前，至少在目前的历史条件下几乎是无能为力的。就自然“灾害”而言，其造成破坏的程度，对人和社会生存造成的损失情况，却又取决于人和社会自身的状况，即人和社会对于灾害的准备程度与承受能力。就灾害破坏的后果来说，如何评价和判断，则带有明显的主观性。

其次，是绝对性与相对性的统一。这是指自然灾害自身的历史性质。在人的生存能力以及对灾害的抗御能力没有能够超过并完全控制自然力量的情况下，自然灾害的发生是绝对的、永恒的。但是，随着人类社会的进步与发展，人自身的生存能力以及抗御灾害的能力确实在逐步地提高着、发展着。因而，相同的自然现象发生之后，是否造成以及会造成多大程度的自然灾害，却又是相对的，具有明显的历史性质。

最后，是宏观性与微观性的统一。这是指自然灾害的结构性质。自然灾害首先是一种宏观存在，在人类生存能够感受的领域内，它几乎无所不在，而且一旦发生就会对人和社会的生存与发展产生广泛影响。就每一场自然灾害的发生及其后果而言,它又是以微观的形式存在着的。无论是一场可以波及数省、造成数以十万计人员死亡那样的大水灾,还是一场不足一平方千米山体滑落而致数户或十数户家产损失、人员伤亡的较小的滑坡灾害,最终都体现在具体的人、具体的生命财产上。

自然灾害的实质是人和自然的关系问题,自然因素和人的因素都对自然灾害起着制约作用。作为自然灾害,它的发生是由客观的亦即自然本身力量所致,是一种必然,是人力不可违抗的。在这个意义上,自然灾害是不可避免的。但是,人类又完全可以通过自身努力提高抗御自然灾害能力,相对地减少自然灾害的发生及其造成破坏的程度。一旦人真正成熟起来,不仅掌握了更高的科学技术,而且学会了控制、约束自己,那么自然灾害会逐步得到解决,以至于被消除。

人为自然灾害,也就是通常讲的环境污染以及由此而引发的灾害。从后果来看,它属于自然灾害范围,直接地危害着大气、土壤、水质、生物等自然界的存在物,进而伤及人的生存;从形成原因上看,它却是由人为的原因即社会的生产和生活所引起、所造成的,属于人为灾害。人的生产行为、生活消费行为以及科学实验行为都可能造成人为自然灾害,也就是严重的环境污染。灾害阻遏着人和社会的生存与发展,而它却是由人和社会的行为所引起、所造成的。

这一悲剧性的人和自然环境的矛盾,是人为自然灾害的根本特征。人为自然灾害有一系列具体特征或属性。首先,人为自然灾害是一种双重危害,既危害着自然界,更危害着人类自身。其次,人为自然灾害中发挥作用的因素,有着自然和社会双重属性。再次,人为自然灾害对于人的生存的危害更为直接与严重。它不仅伤及人生存所必需的自然环境与自然条件,而且会伤及人自身以及社会机体。最后,其具有负向激励作用,导致一种人和自然之间的恶性循环。

在人和自然关系的演变过程中,有人的需要、生产能力、自然界这三个基本要素发挥着作用。从人的生存角度来看,人的需要是主体,是目的;而自然界则是人满足自身需要的客体,是索取的对象;生产能力则是将人和自然界联系起来的中介,是人实现自身满足需要这一目的的工具和手段。这三项要素组成一个过程,可以用“人的需要—生产能力—自然界”来表示。三项要素构成了两个阶段,即:人的需要—生产能力;生产能力—自然界。

可从以下三个方面进行分析。首先,人的需要和生产能力的关系。人们以自身需要作动力,依据以往经验而推动着生产力的发展与提高,人们的需要满足程度也就直接地取决于生产力的高低。其次,生产力与自然界的关系。生产力愈高,人们的生活消费水平也就愈高。其结果,一则是人们从自然界取得了愈来愈多的产品来满足自身需要;一则是人类赖以生存的自然环境日益恶化。再次,整个过程。其基本矛盾并非生产力同人的需要的矛盾,而是人的需要的无限性同自然资源的有限性之间的矛盾。

人类寻找解决环境问题的出路实际上应当有两条:一是继续发展科学技术,提高生产能力,同时依靠高度发达的科学技术和生产力对已经发生的环境污染给以治理,还环境以本来面目;一是节制人们的欲望,来一个"釜底抽薪",走"多节制"的发展道路。有人提出,所谓"多节制"的道路就是不仅首先要节制生育、稳定人口,而且同时还要节制贪婪、节制发展、节制消费、节制军备、节制改造自然……节制使用地球上一切有限资源。

人同自然和谐的社会学实质,就是承认人和自然界之间也有着"共同利益",承认自然界各种生物的生存权利。人对自然界的"生存"也要承担起道义的伦理的责任,这既是为了自然界,更是为了人类自身。人和自然界的和谐不能是完全的"自然而然"的过程,而应包含着人对自身行为的节制和对自然秩序的积极干预,这后者就是通常讲的对自然世界的改造。但是,这种改造需要有一个自然界所能够接受的度。可持续发展可以看作寻找这一个“度”的实践活动。

四、关于传统文化的灾害学价值

笔者:王教授,我国传统文化真的是博大精深,对于中国当下世界和未来世界,它已经或者必将发挥巨大的影响力。您的《传统文化的灾害学价值》一文,指出灾害中自然与人、人与人以及人与社会这三种关系,直接决定着人在灾害面前的行为以及结果。在走向唐山大地震40周年的日子,仔细审视传统文化的历史长河,我们就不难发现:对于人如何正确认识和处理这三者关系,我国传统文化中积累了大量极具现实价值的阐释和教导。

王子平:是的。首先,珍爱生命。传统文化认为:大自然予人以生命,人当珍爱。“天地之大德曰生”(《周易》),说天地就是大自然,而大自然的最大品德就是“生”。生命的基本特征是生生不息,“日新之谓盛德”(《周易》)。“天以阳生万物,以阴成万物。生,仁也;成,义也”(周敦颐)。生命对于人自身、社会乃至大自然而言,都是一种德,一种仁,一种善。人必当珍爱之。

其次，敬畏自然。人与万物一体，要热爱自然。儒家主张“仁”要从亲人、爱人推广到爱天地万物。孟子说：“亲亲而仁民，仁民而爱物。”程颐说：“仁者以天地万物为一体。”人与万物是同类，是平等的，应该建立一种和谐的关系。老子说：“人法地，地法天，天法道，道法自然。”自然循“道”而形成一种自然状态，“道”也就成为自然界的最高境界。对于“道”以及由“道”化成的自然界，人必须敬畏，必须顺从，从而推进人与自然的和谐、共生、发展。

最后，天人和谐。顺应自然，调整自然，实现自然与人的和谐。传统文化重视“究天人之际”，其重心即人与自然的关系。主张“裁成天地之道，辅相天地之宜，以左右民”(《周易大传·泰第十一·象传》)。人与自然相辅相成，顺应自然、利用自然、保护自然，也顺应人之所需，达到“天地与我并生，而万物与我为一”(《庄子·齐物论》)的境界。“天之所能者，生万物也，人之所能也，治万物也”“天之能，人固不能也；人之能，天亦有所不能也”(刘禹锡《天论上》)。

传统文化犹如民族世代相传的血脉，渗透在生命中，表现在行为上。就传承而言，文化血脉可以有三条途径：一是经典典籍，作为文物而流传；二是人的行为，是活动着的文化；三是观念意识，即潜在的文化基因。唐山及汶川大地震以及其他多次重大灾害发生后的救灾活动,都用事实表明传统文化有关灾害的论述依然在闪烁着光辉。同时也提示人们,传统文化中有关灾害的观念意识这一珍贵精神遗产,仍有待于发掘与发扬。

第一,灾害发生的情况下,抢救生命是救灾活动的重中之重。《论语》中记载,孔子一次下朝归来,听说马厩失火,连忙问:“伤人乎?”却不问马,反映了儒家对于生命的珍重。1976年唐山大地震使一个百万人口的工业重镇瞬间夷为平地,唐山市区有60余万人被埋压在倒塌物中。地震发生后,自行脱险的人们自发形成救助大军。根据有关资料估算,通过灾区人民自救互救脱险的约有48万人,占被埋压人的80%以上。

自救互救之所以会发生如此之大的作用,一个重要原因就是传统文化这一思想的影响。这使得自救互救具有及时性,任何其他救援力量都不可能达到当地居民自救的速度。其次,自救互救具有就近性与广泛性。最后,自救互救的自发性也使得这种救援更为广泛有效。值得注意的是,唐山大地震后救灾活动是在“批林批孔”黑云高压的“文革”中进行的,传统文化张扬的精神依然得到贯彻与发扬。这证明了传统文化的强大生命力以及对抗御灾害的巨大现实价值。

第二,发扬人的主体精神,灾区人民成为救灾主体。传统文化高度重视人的社会价值,发扬人的主体精神,认为人是天地间"四大"之一,"道大,天大,地大,人亦大,域中有四大,而人居其一焉"(《老子》)。"惟天地,万物父母;惟人,万物之灵"《尚书·泰誓上》。"天行健,君子以自强不息;地势坤,君子以厚德载物"(《周易》),倡导的就是人在灾害面前要发扬百折不挠的顽强精神。

第三,顺应自然,引导自然,实现人与自然的和谐相处。"强本而节用,则天不能贫;养备而动时,则天不能病;修道而不贰,则天不能祸"(《荀子·天论篇》)。这些话表明了天(自然)制约或影响着人(社会)的生存和发展,这既表现为自然提供优越的生存发展环境,也表现为因为自然本身的变迁而造成灾害或灾难。而人(社会)也在影响乃至改变着天(自然),其结果既可以协调促进天(自然)的存在和发展,也可以因为人的行为失当而造成大自然的破坏,从而引发灾害或灾难。

近一年来,笔者先后完成了26万字《废墟上拓荒的学者——中国灾害社会学、地震社会学奠基人王子平纪事》一书的写作,《废墟上走出的中国灾害社会学第一人——记我国灾害社会学、地震社会学奠基人王子平》《愿化此身酬平安——灾害社会学家王子平教授访谈录》以及这篇《他还在路上——灾害社会学家王子平教授十年来的新思考》3篇均系万字长文的写作，并将它们称为迎接唐山大地震40周年的“1+3”工程。

笔者与王子平教授有着近30年的交往与友谊。王教授的思维方式无疑是独特的，他总是站在相当的高度来观察某个事物，分析某个问题，梳理某种联系，提出某种对策。每当捧起他的一部著作时，笔者或是仿佛聆听一位哲人的讲述，或是感觉有一双哲人的眼在注视着自己。笔者也真切地感到：是善在引导着他一步步前行，这位“忘年之交”的人性之美令笔者赞佩。同时还真切地感到：他也是个性情中人，语调沉稳的一席谈话，常常让笔者体味到他那诗人的情怀。

哲人，善人，学人，诗人（有诗集《心雨集》行世），匠人（他自称“老教书匠”）。而在这些称号中，笔者更愿意称他为哲人。更确切地说，王子平教授不愧为一位出色的“灾害哲学家”。

（原载2016年第2期《唐山文史》）

一个建筑师与一座纪念碑

——简记唐山抗震纪念碑设计者李拱辰

碑的意义，在于永恒的纪念性。笔者无数次在唐山抗震纪念碑广场徜徉，在那里体味一种痛苦，一种欢乐，一种肃穆。

笔者真切地感到，那里有一种伟大的力量，时刻深深地吸引着笔者。

一

公元 1976 年发生的唐山大地震，堪称 400 多年世界地震史上最为悲壮的一页。笔者作为一个唐山人，自唐山抗震纪念碑揭幕之日起，就被她的巨大气势所感染、所震憾。在她的建造者当中，确有一些笔者所熟悉的人。而她的设计者是谁呢？自纪念碑揭幕之日起，笔者就怀着崇敬的心情寻找着。

后来，得知她的设计者叫李拱辰，而且再也没有忘记这个名字。在笔者调到省城工作后不久，与李先生相识于一次会议上。笔者就告诉他，很想认识他，也很想采访他。而他微笑着说，他不但看过我写抗震纪念碑的文章，而且还将刊载文章的报纸保存着呢。笔者就说不好意思,的确怪不好意思的。

就这样,在一些并不太多的交往中,我们时常三言两语地谈及唐山大地震,谈及那座抗震纪念碑。昨日震事依稀可记,时光却倏忽飞跃了30年,唐山抗震纪念碑也已建成20年。这次我们谈及抗震纪念碑设计,应该是最多也是最动情的一次。在他依然供职的那家设计院,笔者与这位70岁的老人并排而坐,难分主客。

令笔者无法抑制无法掩盖的是,笔者的目光常落在他那雪白浓密的头发上——那是飘落在智慧头颅上的瑞雪吗?沉浸在深深的回想之中,他不时地走到画图的桌子旁,拿起铅笔就那么轻轻的几下,一个个深奥的设计理念豁然形象起来。而每当画完,他总是慢慢地解释说:“就是这样的,就是这样的,……”

笔者的眼前蓦然一亮:“就是这样的,就是这样的。”你用手中的笔画出了传世之作,你成全了人们永恒的纪念之心。他们带着痛苦,带着欢乐,带着思考,带着向往,带着对大自然的敬畏,带着对大生命的礼赞,带着对许许多多人类尚未认知的东西,……为了人类,为了地球,为了宇宙,他们在永恒地纪念着。

二

唐山从地球上“抹掉”的那一刻，家住石家庄的李先生被震醒了。那个年月，打个长途电话都挺费劲，第二天中午他才知唐山发生地震。李先生所在设计院的一个设计组在唐山工作，恰巧在地震前刚刚撤离。更巧的是，其中的一位同事虽未撤离，本想住在市区的姐姐家，却因故去了乡下的亲戚家住宿。而他的姐姐一家，在蓝光闪过之后全部遇难。

距唐山千里之外的石家庄，人们也处在少有的惊恐之中，而且住进了临时搭建的窝棚里面。一个月后，李先生与同事奔赴唐山——他们是去研究建筑物震害的。他们的脚下，是覆盖了整座城市的废墟；他们的眼前，是正在被清理的腐烂了的受害者的尸体，……李先生说，到了大地震后的唐山，他才知道了什么叫“惨不忍睹”。

唐山不是庞贝。庞贝，这座沉睡地下近 2 000 年的罗马古城，经过 100 多年的辛勤挖掘，才那么一点点地再现于人间。唐山，是从火中再生的凤凰，就像神话中再生的凤凰一样。无疑，她是伴随着改革开放而再生的；无疑，她是人类与自然奋力抗争的伟大结晶。应该说，李先生目睹了惨状，也目睹了崛起。

那么，李先生是否想过，他要设计一座地震纪念碑，或者叫一座抗震纪念碑呢？没有，真的没有。当初，他们到震后唐山考察建筑震害，为的是增加“感性认识”，为的是搞重建中的医院工程设计。李先生所供职的单位——河北省建筑设计院，就是在唐山重建中被指定为主要从事医院工程设计的。

笔者曾多次对李先生说，唐山抗震纪念碑作为一个重大事件载体，其意义极其重大，影响极其久远。他承认这一点，但他没有一丝一毫向笔者炫耀的语气，只是不紧不慢地讲述着相关事实，而且凡在笔者插话时就停下他的讲述。这时笔者就觉得，面前的这位李先生已“修炼”到一定“火候”了。

三

一场声势不小的设计竞赛，将李拱辰的名字镌刻在建筑史上。在大地震后的第 8 个年头，为建造唐山抗震纪念碑公开征集的 142 个方案，自天南海北急匆匆地涌向了唐山。不久，资深的建筑专家晃动着苍老的身影，朝这座毁灭之后重新崛起的城市走来了。他们要为历史上的一个重大事件选择最好的纪念方式与最好的表现形式。

这，自然是一件了不起的事情啊。专家们时而紧锁眉头，时而慧眼放光，……那次颇为壮观的建筑设计征集，却没有一个人写过条子打过招呼。大奖终于评了出来：一等奖空缺，二等奖两个。这两个二等奖，一个是李拱辰设计，一个是宝志方（同济大学）设计。李拱辰的设计方案，并非像建设悉尼歌剧院选方案那么曲折——从废“纸篓”里“优选”上来。

毕业于天津大学建筑系的李先生，不愧为一位聪明的实力派。他在报送自己的设计方案时，除报送墨线图还附了一张水粉画效果图。效果图长90厘米、高60厘米。他用建筑的语言、建筑的符号阐述了这一设计深邃的思想内涵。他递给笔者一本《建筑学报》，那上面刊载有他的《思想的凝结 精神的象征——唐山抗震纪念碑纪念广场设计随笔》：

“主碑设计为单元构件重复组成，构件间留出缝隙的形式，……使人们产生裂缝——地震的联想。”“纪念碑为双重台基，……第一层台基上是一座象征震害的残垣断壁形式的副碑。”“更上一层台基便是那突兀而起的主碑，四片碑身与地面以圆滑曲线相交，恰似从地面自然升起，象征新唐山鳞次栉比的楼房从废墟中拔地而起，……”“顶端为抽象的手的造型，宣示着人定胜天的真理。……”

李先生这一设计方案，确定为建造唐山抗震纪念碑的实施方案。他风风火火赶到唐山，又设计地震资料馆，又出纪念碑的施工图。他与人到昌黎、济南寻找花岗岩，到北京寻找不锈钢匾额……而整个纪念碑碑体的石材，都是他自己一块一块画出尺寸，编上号码的，这才使得每块石头严丝合缝。仅1985年，他就往唐山跑了9趟。当时，他还正主持石家庄火车站的设计呢。

高高耸立的唐山抗震纪念碑吸引着千千万万的人们前来瞻仰，正因如此，笔者讲述了一个建筑师与一座纪念碑的故事。

（原载2006年2月20日《人民日报（海外版）》，题为《唐山抗震纪念碑》，副题系入选此书时所加）

附录

评介文章

程才实和他的《唐山震后重建的哲学思考》

当程才实同志将书稿送到我面前的时候,我不由得仔细端详起这位个子不高、面色黝黑的年轻人。我在想,那有几分瘦弱的躯体里,怎么会有如此旺盛的精力。他在市政府机关工作,任市建委办公室副主任。这是一种服务性职务,整日要围着两个中心转:一是中心工作,一是机关首脑。在岗时间之长,工作之忙乱,是任何一个曾经在政府机关工作过的人所熟知的。可就是这位年轻人,在完成了本职工作之后,利用业余时间从事唐山建设的研究,竟然在短短几年光景里,发表论文近百篇,出版著作多部,而且产生了广泛的影响。这该是多么充实、勤奋和积极的人生!

我和才实的相识缘于一项科研课题。几年前开始,我和别位同志共同主持由国家社会科学基金和国家地震科学基金联合资助的大型科研课题"唐山地震灾区社会恢复和社会问题的研究与对策”。其中一项子课题是唐山震后的恢复与建设。原承担人员由于种种原因而不能再继续完成研究工作，有人向我推荐了才实。在这之前，我们彼此之间虽然已有所了解，但直接接触这还是第一次。那次谈得很好，除了课题之外，还说了许多话。其中之一，就是谈到他打算写一本运用哲学观点分析总结唐山恢复建设的书，也就是目前摆在我面前的这部书稿。我赞赏并鼓励了这一想法。他本来是要立即着手写作这本书的，而因为接受了唐山地震课题研究的任务，推迟了自己的研究日程。由此我也发现，这不仅是一位勤奋的年轻人，而且是一位有着极强协作精神的人。我从事高等教育多年，接触的年轻人可谓多矣，也形成了自己的一套观察人的方法和标准。正派、勤奋、扎实、谦虚好学，如果再有一点灵气和悟性，那在我心目中就是一位难得的好青年了，我会从心里喜欢他，也乐于帮助他。随着交往的加深，我愈益发现，才实越来越接近我心目中这样的年轻人。他的工作性质和职务是很容易沾染上一些官场圆滑和市侩气的，而才实却没有。除了认真做好本职工作之外，他紧密结合自己的工作实际，发挥岗位优势，细心收集资料，潜心思考问题，终于取得了令人瞩目的成绩。一个机关工作人员，日常工作又是那样的繁忙，如果没有一种强烈的使命感和责任心，是不可能做到这一点的。一次,我们闲谈,他提出"文字秘书学者化"这一新鲜命题,他也正是这样来塑造自己的。文秘是一种非常具体、琐细的事务性工作,与学者的研究活动可以说是格格不入的。才实却奇妙地统一了起来,而且都做得很出色,实在是难能可贵。我见到过其他的年轻人,常常把一些事情对立起来,弄到"水火不容"的程度。其实,许多事情看似相反却又相成,一个有志向的青年人应当学会利用客观条件和环境提供的一切来为自己的奋斗目标服务。才实身上有着许多可贵的东西。于是我愈来愈喜欢他,把他引为"忘年之交",成了朋友。

他的这部书稿我看过了。读过之后的第一个印象,说来奇怪,并非关于书稿本身,而是一个年轻人应当走什么样的学术道路的问题。才实近年来研究的方向几乎完全集中在唐山城市的建设问题上。从谈话中我得知,他收集的关于唐山恢复建设的资料,数量之多,范围之广,几乎没有哪个人能够与他相比。没有一种恒心、耐心和细心,是很难做到这一点的。在广泛占有资料的基础上,他展开了自己的研究工作,形成了属于自己的关于唐山恢复建设的认识,取得了属于自己的成就。这是一种真正的研究活动,是只有诚实、用心,有大目标而不贪近利的人才能做到的。这是在做学问,而不是做学术交易。学术研究不能没有功利的计较,但真正的学术确实不能如同做买卖那样每次都能计算出“赔与赚”的。我的意思并非说，才实的学问已经做得很深、很大了，不是这样，他还只是在学术道路上刚刚起步，即使是对唐山城市恢复建设的研究也只能说是初步的。我想说明的是他走的这种学术道路是实实在在的，而非学术“小商贩”那种活动。

本书对于城市恢复建设的研究有着自己的特色。一个城市的诞生和发展，历史地看，大体有三种情形：一是因一定的地理和社会的条件，在一个适宜的地方慢慢地然而又是自然地生长起来的城市，目前世界上的绝大部分城市属于这种情形；一是在近代大工业发展起来之后，随着某项大工程的进行而在一个较短、较为集中的时间里建立起来的，这如20世纪50年代我国为建设三门峡水库而建设起来的三门峡市；再则是原有城市被一场大灾难毁灭之后又被重新建设起来的，如本书所研究的唐山城市的恢复建设。一个被毁灭了的城市的恢复建设有着什么样的特征？有哪些难题需要解决？有没有规律可循？就唐山这样一个城市的恢复建设而言，这一过程是怎样的？它遇到和解决了哪些实际而又具体的问题？在这样一个具体的事例中有没有向人们提供一些共性的、具有普遍意义的经验和教训？考虑到人类同自然灾害的斗争是一个长期的过程,今后说不定还会有哪个城市会遭到灾害的破坏,还会面临着恢复建设的问题,那么,上述种种问题以及本书作者所作的研究就有着十分重要和现实的意义了。

本书作者近年来的研究活动一直围绕着这一重大课题而展开。他已经发表的成果在不同方面、从不同角度对上述种种问题作出了自己的回答。现在要提供给读者的这部著作,探讨的虽然是同一个对象,却是从一个全新的视角进行的,这就是对唐山城市恢复建设的哲学思考。一个被灾害毁灭了的城市的恢复建设,是一个大的系统工程,它涉及社会的政治、经济、科学技术、历史、文化和传统等多方面的条件与环境。如以学科而言,建筑学、经济学、社会学、文化学以及科学技术等方面的知识都会涉及。要在更深入的层次上研究唐山城市的建设问题,就要找到一种超越于上述种种具体领域和学科的思想与语言,而这只能是哲学,只有哲学才能作出这样的概括。本书是运用哲学的思想和语言研究唐山恢复建设的第一部学术性著作。它研究了唐山城市恢复建设过程中内部条件和外部条件、目前和长远、特殊与普遍、历史与现实、科学与热情、过程与阶段、有利与不利、客观与主观等问题。当然,这不是哲学讲义,决非抽象地议论哲学概念,而是紧密地结合了唐山恢复建设的实际,把最抽象和最现实结合了起来,这正是它的难能可贵之处。对于研究结论本身,见仁见智,读者自会有不同的看法,可以进一步讨论。我在这里所看重的是,作者首先运用了哲学的理论和概念来研究唐山城市的恢复建设。

在谈话中我多次对才实谈到,一个建筑学(非社会学)意义上的城市,由毁灭到重新建立起来,这是值得进行长期研究的重大课题。如果由此拓展开来,在研究唐山的基础上,进一步研究世界上其他有着同样命运和经历的城市,在更大范围内探求普遍性的规律,这将为人类作出可贵的贡献,个人的生命价值亦将获得充分实现。我期望着才实能够在这方面作出自己的成就。

我本人曾经亲身经历了唐山大地震,侥幸活了下来。同样出于一种使命感和责任感,从1984年开始,运用社会学的理论和方法研究地震后的社会恢复与社会问题,而且出版和发表了这方面的著作和论文,这大约正是才实同志要我为他的著作写序的原因。而在我来说,之所以答应为之写序,更重要的是,才实是我所敬重的年轻人,又是我的“忘年”的朋友。这序与其说是评论书稿,倒不如说是在表述我对一位青年朋友的心愿与期望。

（此系王子平教授为程才实著《唐山震后重建的哲学思考》一书所作序言，以同题刊载 1994 年 12 月 6 日《唐山劳动日报》；以《〈唐山震后重建的哲学思考〉序》为题载王子平著《跋涉集》，中国大地出版社，2008 年 7 月，第 1 版）

揭示震后重建规律的可喜之作

——读《唐山震后重建的哲学思考》

1976 年被世界罕见的大地震夷为平地的百年工业和资源城市——唐山，经过十几年的恢复建设，以全新的风貌屹立于世界的东方。唐山市于 1990 年荣获了联合国人类住区（生境）中心颁发的“人居荣誉奖”。这就向世人提出一系列的问题：唐山在震后重建中走过什么样的历程？摸索出哪些可资借鉴的规律，这些规律对其他城市建设有没有普遍的指导意义？至今这些规律是否还有新的生命力和内涵？

为了回答这些问题，青年作者程才实用了近两年的时间潜心研究，撰写了《唐山震后重建的哲学思考》一书。该书把唐山震后重建大体上分为三个阶段，即从震后到 1976 年底的抗震救灾阶段、1977 年起的恢复生产阶段和 1978 年的重建家园阶段。

作者根据唐山震后重建的具体实践，从主要与次要、内因与外因、主观与客观、局部与整体、质量与速度、特殊与普遍、原因与结果、低级与高级、有利与不利、主体与客体、历史与现实、科学与热忱等诸多方面，总结出十几条可资借鉴的规律。

这些规律不仅对其他受灾城市建设有用，而且对一般城市建设也有较强的现实指导意义。

选题视角新是本书的一大特点。这本书是讲建筑的书，又不是一般的建筑书，而是从新的视角即从哲学的角度研究、论述唐山震后重建的发展规律。这不仅能使读者明了唐山重建的整体轮廓，而且对于开拓人们的理论视野，启发人们的思路不无益处。如在一片废墟上重建唐山是涉及方方面面极其复杂的系统工程，在诸多矛盾中什么是主要矛盾？什么是牵一发而动全身的起主导作用的事物？作者用马克思主义哲学关于对立统一规律——矛盾规律学说，分析、研究了震后重建中的各种问题，认识到震后最大的问题、最主要的矛盾是十几万户居民全都住在简易房里。人们迫切要求尽快解决住房问题。民以食为天、以居为安，解决安居问题是稳定社会秩序的需要，是重视人权的突出表现，也是我们社会主义国家关心人民疾苦的根本原则。

因此，在震后重建的伟大实践中，唐山市委、市政府一直把解决灾民住房问题作为“一件头等重要的大事”来抓。再如震后重建初期，在对究竟应把什么作为施工的重点这个问题上曾有过不同意见，有的主张先把两条主要街道（新华道和建设路）铺好，并在街道两旁搞一些大型公建项目，以便让唐山人民和外地参观人员尽快看到唐山重建成就;有的认为,如果这么办,居民住房施工就不能大面积地展开,加上路旁2 300多户搬迁任务也一时难以解决。于是,确定了以住宅建设为重点的指导思想。同时,根据市区场地多被简易房和废墟所覆盖而一时无法搬迁的客观实际,又确定了“先外围、后中心”的施工战略部署。总之,作者用主观与客观的观点通过对震后重建的具体分析,得出了这样的结论:只有把客观存在的事实作为考虑问题的出发点,才能按照客观规律办事,解决实际问题,使各项工作取得满意的效果。

理论联系实际是本书的第二个特点。虽然书名为《唐山震后重建的哲学思考》,但本书不是单纯地从理论上讲哲学的定义和概念,而是用马克思主义哲学的基本观点分析唐山震后重建的具体实践,又用重建的实践验证哲学观点的正确性,可以说,理论与实际相结合是本书富有生命力的根本所在。如作者在《特殊与普遍——唐山震后重建的哲学思考之六》中首先指出:“事物是一个复杂的矛盾体系,任何事物都是普遍矛盾和特殊矛盾的统一……矛盾的普遍性寓于特殊性之中,矛盾的特殊性包含着普遍性。”然后,结合唐山震后重建的伟大实践,以“邯二”的“四包”做法、全面推行经济责任制的管理体制和运用网络技术、科学组织施工的经验为旗帜,开展学习“邯二”活动，引导参加唐山重建的施工企业加强管理，全面提高了经济效益的具体实践，验证了从特殊到普遍、从个别到一般这个哲学原理的正确性及其雄辩的说服力。

内容翔实、表达清楚、逻辑严密是本书的另一个特点。作者为撰写本书，不仅披阅了大量的史料，研究了许多前人的成果，而且还补充了不少新的资料，特别是附录的几篇材料，重点突出地介绍了唐山的过去、现在和未来的发展远景。可以说，内容丰富，资料翔实。在表达上，作者采取总—分的构筑艺术，在每篇的总论中对所论述的问题推出中心论点，然后在分论中多以几个实践活动片断分析的形式加以论证。一般说，每个小标题即为分论点，在每篇分论的末尾又常常用句和段的形式进行归结，与总论所提问题互相照应，构成一个有机整体。

（原载 1995 年第 4 期《唐山经济》；摘要刊载 1995 年第 2 期《城市》，文 / 鲁保中）

追求卓越

——记程才实的学者化道路

一个从事政府机关工作的年轻人，利用有限的业余时间，潜心进行科学研究，取得了令人惊喜的成就。他撰写出版了唐山市第一部城市建设专著《城市建设问题研究》，我国第一部用哲学分析唐山地震后重建的专著《唐山震后重建的哲学思考》，我国第一部反映城市管理监察工作的书《城建卫士》；参与编写并出版了《唐山经济概况》《中国企业经营管理大全》等多部著作，发表城市规划、建设、管理等方面的论文近百篇。其专著《城市建设问题研究》获河北省社会科学研究成果奖，论文《从唐山震后重建看受灾城市重建的优化对策》在全国青年城市科学论文竞赛中获奖。

他被选为中国基本建设优化研究会河北分会常务理事、副秘书长，并兼任唐山市秘书学会理事、唐山市城市科学研究会副秘书长。1992年4月，他作为我省城市科学研究领域的唯一代表，应邀出席中国城市科学研究会首届青年学术年会和中国科协首届青年学术年会。今春，他又荣获中国基建优化专家委员会颁发的专家证书，是我省唯一的获得者，也是全国担此重任的最年轻者之一。他叫程才实,现在唐山市建设委员会工作。

程才实自20世纪80年代初参加工作以来,一直从事机关文秘工作。在多数人眼里,秘书无非是为领导写写讲稿,为部门总结总结经验,如此而已。然而在改革大潮推动下,程才实不甘囿于“收、抄、转、发”工作,在8小时之外,敲响了学术殿堂的大门。他的构想是:秘书可能成为学者,秘书应当成为学者。

这一构想有两点依据:其一,社会主义现代化建设需要有一大批学者型人才,作为一名称职的文秘人员,无论他在哪个部门“写”什么讲稿,“总结”什么经验,都必须以党和国家的方针、政策、法律、法规乃至专业理论为研究对象,对中心工作及有关部门加以重点研究,可见,力争“学者化”首先是创大业的需要。其二,机关干部具备社会调查和科学研究的必要条件。机关事务看似琐碎而空洞,实为一个大资料库、大信息库,特别是办公室工作更带有综合性,谁善于利用这一优势,谁就有可能“去粗取精、去伪存真、由此及彼、由表及里”地加工与创作。当然,把可能性转化为现实性,取决于“学者型”人才的主观能动性。于是,他开始了向这一目标进军。

程才实勤奋务实,他的科学研究是在完成好本职工作的基础上，紧紧围绕唐山建设工作实际进行的。在“学者化”的尝试过程中，呈现出了鲜明的特色。

一、研究课题的先导性

1986 年，他把研究对象放在唐山建国路市场。通过调查研究，写出论文《综合开发：城市建设的一种好形式》，发表于北京社会科学院主办的《城市问题》杂志。该论文为各级领导和主管部门研究城建综合开发工作提供了依据。1990 年，各地城建管理监察队伍方兴未艾，他的《城建卫士》一书应运而出。该书以生动具体的形象反映了城建管理监察队伍的地位和作用，为城市政府提出许多值得深思的问题。

二、研究领域的广泛性

他的研究涉及建设工作的方方面面，包括城市规划、建设、管理、综合开发、城建管理体制改革以及村镇建设、建筑业等，并把系统论、哲学等知识运用到研究工作中。这些内容集中地反映在《城市建设问题研究》一书中。

三、重建研究的创造性

面对 20 世纪最大的一次地震——唐山地震，参与中外建设史上罕见的浩大复建工程，他牢牢抓住这一具有世界历史意义的题材，致力于探索性研究，先是写出《从唐山震后重建看受灾城市重建的优化对策》，随后又站在更高的层次上写出专著《唐山震后重建的哲学思考》，把抽象的哲学思想和具体的城市复建工作有机地结合起来，深入研究了唐山震后重建中的主要矛盾与次要矛盾、内因与外因、主观与客观、过程与阶段等一系列哲学问题，实现了哲理性与资料性的统一。该书填补了用马克思主义哲学研究城市震后重建工作的空白。

程才实沿着“学者化”道路奋力攀登，其高瞻远瞩的使命感、精益求精的事业心实属难能可贵。以他为鉴，不必人人苛求成为学者，但需人人塑造自己。只有不断提高科学的悟性，才能充分发挥创造力。

（原载 1995 年 2 月 3 日《唐山劳动日报》，文 / 安宜民）

献给唐山抗震纪念四十年的精神佳作
——品荐《废墟上拓荒的学者》一书

今年是唐山大地震40周年,很有意义的是7月初,河北省住建厅程才实先生赠我新著《废墟上拓荒的学者——中国灾害社会学、地震社会学奠基人王子平纪事》(河北教育出版社2016年6月第1版,以下简称《废墟上拓荒的学者》)。关于主人公,很清楚是在写近40载从事以社会学视角研究、思考唐山大地震乃至中国灾害的学者王子平教授;关于场景是唐山“7·28”巨震那抹不去裂痕的灾难瞬间;关于作者是30余年矢志不渝写唐山灾难历程、写唐山如火中再生凤凰重建史的社科学者、散文作家程才实。

一、《废墟上拓荒的学者》带我们走近王子平教授

对于主人公王子平老师,我们恰似“神交”的朋友,因为共同的责任与使命,让我至少有30年在学习并关注他的研究成果,从中互相加深了解。我感到王子平教授,通过唐山的灾难文化、中国灾害社会学的审视,确立了“地震灾害观”“大防御”战略,乃至“精神救灾”“灾害体系”学说等,已使他在中国

灾害学界享有独到的地位。2015年年初，我收到了寄自唐山华北理工大学王子平教授的两本书，感触那两本书无论在灾害学研究还是人生成长意义上都具有奠基意义，我很快便写就了读书感想《防震减灾要重视灾害社会学研究——读王子平教授两书的感悟》(见《中国建设报》2015年7月30日第6版)。早在2011年4月，汶川“5·12”地震3周年前夕，北京市地震局组织编写了《汶川大地震冲击波》，我和王子平教授都有文章收录，我应邀为该书的封面和封底写下“主题语”，内容是“这是一部记录‘5·12’汶川巨震撕天裂地，使山河破碎、生灵涂炭，更洗礼所有亲历者灵魂，撞击每一位读者心扉的书；这是一部以悲怆难抑的情怀，泣血含泪的笔触，回溯一幕幕灾难片段的心灵笔记；这是一卷倾情颂扬灾后重建奇迹，抚慰心灵，激荡国民精神与解读灾难文化的珍贵读本”。在该书中，王子平教授的文章从八个方面全面讲述了他结合灾害社会学对唐山、汶川地震的比较研究。他指出：“地震是可怕的灾难，这是地震灾害观的基础，地震时人并非完全无能为力，反映着人对地震灾害的新认识、新观念，关键是要用科学知识武装人本身，这是牺牲了数以十万计生命之后得出的珍贵历史经验。”进一步他又通过汶川地震灾区心理干预分析及用系统工程观研究了灾后重建精神世界的“学说”。他认为:“面对灾难人的精神世界之所以被震垮,源于人整体结构及精神世界的特性。生理要素是人的物质性本体或实体,是生命赖以存在的物质基础;心理要素是人在生理基础上产生、在社会生活中形成的内心体验;思想要素由人的世界观、人生观、价值观、科学知识和社会理想等观念要素所构成,是人精神世界的理性主轴。”

恰如作者程才实所言,可贵的是王子平教授与一般学者有创意的拓荒不同,他倾注心血的学术沃野是废墟,是已经山河破碎、生灵涂炭的废墟,是需要用灾后重建的奇迹来换回心灵激荡的废墟。正是靠着这种大责任与大担当,《废墟上拓荒的学者》为我们盘点了王子平教授一部又一部有独到学术价值且敬畏自然的作品。程才实在该书的第五章用了近40页重点介绍了这位拓荒者是如何“穿越地狱”的,正是这种拓荒精神让王子平教授开创的《灾害社会学》著作同“中国灾害研究丛书”一起荣获第十二届中国图书奖。作者程才实在第五章“穿越地狱”的开篇写道:“在唐山‘7·28’大地震中,他是幸运地被遗忘在地狱的门口。而为了‘灾害社会学’他是主动下了地狱。”因为无论是程才实还是王子平,他们首先都是灾害问题的研究者。他们深知,面对灾难,既有已知的未知,更有未知的未知。从过往的灾难中走出并再回望,不仅是缅怀,更是一次教育公众、启迪社会的过程。由此我想到110年前即1906年旧金山8.3级大地震,在10年前,旧金山政府积极主办大地震周年纪念活动,加文·纽萨姆市长表示:“1906年大地震应成为一个‘难堪、痛苦’的事件记忆,通过回眸要告诉旧金山市民,如何积极应对下一次可能的灾难袭击。”从此种角度看,程才实推出的《废墟上拓荒的学者》有特别意义。

对于王子平教授在灾害社会学研究上的起步与动力,程才实这样归纳,他一生经历过三次“洗礼”,而唐山巨灾的磨难,完全来自大自然,如王子平所言:“我的生命,在唐山大地震的灾难中得到了升华。”事实上,唐山大地震10周年刚过的1987年,在世界减灾历史上有一个里程碑事件。第42届联大通过169号决议,把从1990年开始的20世纪最后10年定为“国际减灾十年”全球统一行动,于是王子平教授的一系列专著带着对唐山灾情与灾后重建的感悟和探究逐一问世:1986年《瞬间与十年——唐山地震始末》(王子平主编,地震出版社);1989年《地震社会学初探》(王子平等著,地震出版社);1996年《地震文化与社会发展——新唐山崛起给人们的启示》(王子平等主编,地震出版社),这些无疑成为他后续推出影响中国灾害学研究,创立当代灾难救援的重要学科“灾害社会学”的基础。《废墟上拓荒的学者》书中给出了《灾害社会学》的构想与概要，但正如程才实所言这是被王教授称之为“穿越地狱的行旅”，他以对人民、对社会、对唐山乃至中国更多“灾情”负责的态度，以思虑之苦、以写作之难给自己施压，这些内容以日记的方式被《废墟上拓荒的学者》收录在书中，它们真实、生动、感人、有说服力。作者有针对性地分析道：王子平教授的《灾害社会学》能被业界称作“中国灾害社会学奠基之作”，除了学科构建严谨、学理分析透彻外，更重要的是他在论著中始终以自己是地震亲历者的身份，提示着人们情感、体验、个人与集体对灾害社会学研究的意义。学术研究是理性行动，但社会科学研究却离不开情感与现实的制约及影响。唐山大地震乃至中外无数巨灾给人类的痛楚，如果没有强烈的责任意识，没有社会控制的对策，不仅平安城市与小康社会实难有归宿，有价值的著作与思想也根本无法留下。

二、《废墟上拓荒的学者》让读者感受的不仅仅是作者的多重情怀

如果说本书的主人公王子平教授是当今中国灾害社会学研究的大家，是位令人敬仰的老学者，那么本书的作者程才实便是一位有良知、有守望、有才气的灾难社会写实作家，读他

的书会不由自主地感受到他何以关注灾难写作，何以通过30年与王子平教授的相处与学习，体味着一位可敬、可抒的学者，并选择了为王老师立传。程才实说：“对王子平老师的贡献，他是必须要书写的。王子平教授的贡献不仅应影响灾害学及应急管理界内，更要在公众中传播。”所以，在《废墟上拓荒的学者》这本书中，可以感到作者以其散文写作之长，生动且广博地表现了主人公的品性、性情与思想，融王子平老师优雅、亲和、严谨的学风与气质于他创立的每一个学术领域之中，从而使读者能感到该书既丰富也淡然、既内容新颖也含义永驻。该书不仅字字饱含对王子平老师的敬重，也多处聚焦王子平老师根植家人的亲情之思，让主人公仿佛一下子更平和地走进读者中间。正如文学评论家杨立元曾刻画王子平老师的那样：“历史常常捉弄人，他不管在什么情况下，没有懈怠，没有退缩……他是一位不吹嘘、不埋怨、不牢骚、不溢美的人……是境界之高、之真、之切的人。”

中国杰出人才的人物传记不少，但为灾害学界著名学者作传确实不多。在我记忆中，2000年中国灾害防御协会曾组织出版一本《减灾学人写真》，它记述了中国几十位理工科学者在联合国“国际减灾十年”前后矢志不渝防灾减灾的事迹，不过篇幅有限，每人的篇幅不足1万字。然而《废墟上拓荒的学者》一书，洋洋洒洒有26万字之多，不仅内容引人入胜，文字也十分考究。值得提及的是该书在灾害废墟的主题下，在展现王子平老师灾害社会学研究生涯的同时，也传播了中外防灾减灾的社会救助对策、安全文化建设的诸项经验。书中，也有多处介绍了王子平教授尽力支持帮助国内对地震社会学的研究者。2014年11月19日，年逾八旬的王子平完成了由王宁霞等主编的《“5·12”汶川大地震抗震救灾纪实》一书的序，其序名定为“重建天人和谐的历史长卷”，可贵的是，王子平的序不是一般的评点，而是更系统学术思想的汇集。他揭示了“天人和谐”三层含义，即“天”（自然界）本身的和谐；“天”（自然）与“人”（社会）之间的和谐；“人”（社会）与“人”（社会）之间的和谐。一旦发生破坏性大地震，其直接后果会导致上述三方面平衡与和谐的瓦解与毁坏，在此种情况下救灾活动面临的任务和使命十分艰巨。就其核心而言，就是要全面恢复、重建“天”与“人”之间的和谐，让地震中活着的人们能够活下去，并创造条件再发展起来。从此种意义上看，程才实的纪实著作《废墟上拓荒的学者》仿佛在为国家、城市树立一个务实的有可操作性的防灾救灾精神预案，这本身就是对城市防灾救灾的一个贡献。

读罢《废墟上拓荒的学者》，另一感受是情真意切，40年后再思唐山大地震之殇,该书用“唐山情深”告诫今人何以要常备不懈,警示人类摒弃偏见,加强合作。“为之于未有,治之于未乱”,意在告诉快速化发展的城市,要瞩目好自身应对安全发展的命门,要真正的以家的名义守护好“家园”。王子平教授在2008年7月出版的《跋涉集——王子平论教学与学术》一书中那段感人至深的话也收录《废墟上拓荒的学者》一书中,值得深读:“在唐山,我饱受人祸天灾,历经艰难困苦,直面生死考验,也走过了我平凡生命历程中最为舒畅、振奋、紧张、劳苦也小有成绩的时期。唐山的山川土地,人缘风尚,已经融入我的血液和生命。唐山是我生命的息壤,我的第二故乡!我也将终老于此山此水。”王子平教授确属文化“富矿”。散文作家程才实纪实著作虽以“实景”入手,但从他投入的笔墨看,杜绝着时尚的文学想象。他是用心去体察主人公的胸怀与视野,他是用自己心灵空间的创作自由去张开善与爱的探寻翅膀,不猎奇,靠思考力、写作力的扎实增加着作品的深度和力量。虽然,当下许多人都能写纪实作品,但写好一部灾害学家的纪实作品实非易事,尤其是写好有情怀的社科大家的纪实作品就更不容易,然而,程才实先生做到了,至少我以为王子平教授是会认同这一点的。

在《废墟上拓荒的学者》书的前言中,程才实说:“唐山大地震40周年是个重要的时间节点，历史又一次勾起了回忆和反思，而且释放着巨大的精神和力量……从唐山大地震中寻找‘自己想要的东西’，王子平教授是一个绕不开的人物。”正是因为如此，我十分感慨程才实先生在唐山大地震40周年前夕出版的该书，虽然半个月来阅其无数，也未能全部记住其中的要领，但由衷地喜欢它，因为从中可看到王子平教授毕生作出的贡献、付出的心智。因为作家程才实先生永不止息的记叙采写到的如此丰富楷模般的知识分子美德，所以我坚信该书的出版意义不仅仅在城市防灾减灾界，也不仅仅停留在灾难文化界，而是填补了中国特大灾难救灾志缺少人物志的空白。因为我们以往的防灾减灾著作太过专注于技术与对策，太过灾情事件与教训的书写，而忽略了体现深挚浓烈家国情怀专家型人物的展示，正是这种意义，程才实《废墟上拓荒的学者》这部全景式记录王子平教授学术生涯的纪实著作是行业发展之需，是国家安全防灾文化社会宣传之需，更是为纪念唐山大地震40周年不可多得的馈赠品。

（原载2016年第14期《建设科技》，文/金磊）

一部讴歌灾害社会学家的力作
——读长篇纪实文学《废墟上拓荒的学者》

程才实的长篇纪实文学《废墟上拓荒的学者》，立体化地讲述了唐山大地震亲历者——华北理工大学教授王子平，30多年来潜心于地震及一般灾害研究，建立起中国地震社会学、灾害社会学两大新兴学科理论体系，取得“他人可以超越却无法取代，更无法忽视”的骄人成就的故事。

题材的独特性、思想的深刻性、阐释的专业性，文笔的朴素、真诚、流畅，构成了本书的基本特色。这部书之所以取得如此成功，与作者集建设管理工作者、社科学者、散文作家于一身的特殊身份紧密相关——这使得本书理论阐述和成果评论专业化，学术语言表达通俗化，叙述描写散文化。

一、所选题材独特，观察视角新颖

在反映地震题材的纪实文学作品中，以单个的人尤其是以知识分子作为主人公的并不多见；而以研究地震灾害的学者为描写对象的，笔者目前还没有见到过。《废墟上拓荒的学者》一书，在唐山地震文学乃至中国地震文学中，具有开创性的意义。

作家选择什么人物作为作品的主人公，反映了其来自生活的审美感受和形成于生活之中的审美理想。作者开篇即给我们描绘出一幅主人公在地震后的极端恶劣环境下艰苦耕耘，创立防灾减灾理论的新视角：

在广袤无疆的学术原野上，在布满废墟与荆棘的地方，有一位学者风雨兼程拓荒不止。他的身后，沉重的足迹明晰而又模糊；他的肩头，遗留下一道道浸血的印痕……

一部又一部开创先河的学术专著，真的是令人钦佩，令人仰视啊！

那些荒原上最先绽放的花朵，最早长成的大树，最初迸发的哲思……是的，这一切一切，都需要一把智慧的犁铧深深楔入荒原，而后艰难地向着遥远的前方行进。

这是何等令人震撼的知识分子的典型形象啊！

作品以王子平在开创地震社会学和灾害社会学的道路上艰难进取为中心，具体真切地展现主人公的生活遭遇和历史命运，挖掘出人物生动丰富的性格、精神和情感，引发读者强烈的共鸣。

1957 年，王子平因受到右派同学的牵连，被打入另册，影响了他近 30 年的政治进步和发展。尽管命运多舛，他却始终坚持自己的人生哲学。他说："生命的本质或本意，首先是'活着'，能吃饱肚子。其次，是要承担起对家庭和社会的责任。"改革开放后的1980年，他被调入河北矿冶学院（今华北理工大学）任教，从此开启了他大展才华、意气风发的新时期。

王子平坎坷曲折的人生经历造就了他不同于常人的性格。对此，作者作了这样的分析：

王子平的性格，用两个字表述，是"柔韧"；用四个字表述，则是"柔弱坚韧"。柔弱，源于他的善良；坚韧，来自于他对人生价值的坚守。

在生活中，他坚持外柔以顺应时事，求得生存平安；在事业上，他坚持内刚以求得发展，从而实现人生目标和价值。柔弱坚韧成全了他平生的志愿和理想。

纪实文学是以艺术手法描述真实人物的历史与性格的叙事散文。作者在创作中始终坚持真实性的原则，书中的所有人物和事件都持之有据。同时，他又在塑造人物时力避"高大全"，用细节的真实再现主人公与一般人都有的那些欲望，使我们看到如身边大叔般的主人公形象。作者写道：

"对于荣誉、奖励、声望等属于'名'的东西，王子平坚持八个字：来者不拒，受之有度。但凭劳动所得，决不用别样手段谋求。”在获得“省管优秀专家”大红证书后，王子平在其档案袋上写道：“我所获得的最高荣誉，七分汗水加三分运气。这些荣誉是汗水换来的，我心安理得。”

书中的主人公也同样有着普通人的胸怀，作者如实的细节描写给读者开辟了自己与主人公的对照空间，从而在对照比较中获得了认同感和正能量。

二、结构匠心独运，文笔朴素真诚

在全书结构上，作者摒弃一般传记文学按主人公成长顺序布局的老套路，采用倒叙手法：“开卷之初，当以奇句夺目，使人一见而惊，不敢弃去。”（清·李渔《闲表偶寄》）作者开篇即以“巨灾馈赠”为题，将唐山大地震及主人公的逃生经历推出，此举并非猎奇，其目的在于揭示主人公在地震发生后所感受到的瞬间启迪：

通过与这场大地震难得的遭际，王子平感受了大自然的威力以及人性的美好，在更高层面上理解了自然和人的关系，从而奠定了他从事地震社会学、灾害社会学研究的主轴——灵魂性的学术思想。

这就使读者在震惊地震巨灾、疑惑“馈赠”之后，读懂了他之所以和防震减灾结缘的思想基础和“蜕变”过程，使主人公突兀而起变得合情合理。如果说本书前半部分是支撑主人公的骨架的话,那么后半部分叙述的成长历程则是填充主人公的血肉,不仅增强了人物形象的丰满度和可信度,而且加深了人物的历史厚重感,使读者从中获得了阅读的快感。

作者的语言美质在于朴素和真诚。作为一部26万字的长篇纪实文学,篇幅虽长但不觉乏味,内容虽繁却不觉杂乱。读来感觉语言清爽,节奏明快,描写轻灵。娓娓道来的故事情节将读者带入一个庄严神秘的学术圣殿 。

作者虽在写实,但激情所致,也不乏浪漫之语。在“穿越地狱”一章中,作者真实地记述了主人公雨中游阿尔卑斯山与“山神”对话的情景:

“雨中的阿尔卑斯山山峰,为升腾着的白色云雾所缭绕,有如山泉中身披浴纱而出的少女。……渐渐地,整个阿尔卑斯山成了一个活动起来的山林神国,充溢着一片和谐、自由和纯粹。”

后面的对话颇有庄子《逍遥游》的意味,只是上述描写和对话都是围绕人类与自然和谐相处这一主题。

林非、石英等我国著名散文大家都对程才实散文特色作过中肯的评价。文学评论家杨立元教授则有过如下形象的比喻:

“叙述基调流畅自如，仿佛清泉越过静幽的山涧，在雪白石板上丝绸般地轻轻滑过。可谓清爽如其语，灵动如其思，俊朗如其形。”

比喻形象贴切，一语中的，用在此书，亦无不妥，作者写作此书的文体美感，跃然纸上。

三、学术色彩浓厚，阐释通俗易懂

作者在塑造王子平教授的形象时，很好地阐释了他的灾害社会学、地震社会学思想。这是本书明显高出许多同类作品的地方，也使得本书具有了浓厚的学术理论色彩。

关于书中涉及的重大学术观点和学术理论，作者大量引用名人和专家的论述来说明问题，这就形成了本书的说理特色。

王子平和他的合作者提出“精神救灾”这一新学说，意义重大。为了证明这一学说的正确，作者不惜用两页的篇幅，引用联合国副秘书长、联合国开发署驻京代表以及6个国家友人的话，来证明唐山实践精神救灾的正确性和必要性。

用事实对比使人们加深对学术理论的理解。为了证明地震“大防御战略”学说的正确，作者在书中用了近10页的篇幅加以阐述，对中、日、美、苏四国的地震研究水平进行比较；将地震预报的“海城之喜”与“唐山之悲”放在古今中外的大背景下比较得失;将建筑物没有抗震设防的唐山与采用现代化抗震技术建筑的智利瓦尔帕莱城的地震损失进行比较等。

作者长期在河北省、唐山市建设主管部门工作,具有全面的建设工作经验和开阔的视野。他还是研究城乡建设和防震减灾的社科学者,潜心研究灾害尤其是地震灾后重建问题多年,出版《唐山震后重建的哲学思考》《城市建设问题研究》等学术著作6部,论文获全国首届青年城市科学论文奖,专著获河北省社会科学研究优秀成果奖,并曾参加中国科协首届青年学术年会。

与此同时,他与主人公有着近30年的交往与友谊,“忘年之交”使作者对主人公的学术思想有着较为深刻的理解。他还参与了王子平等主持的“唐山地震灾区社会恢复与社会问题研究”等大型课题研究工作,以及王子平等主编的《地震文化与社会发展——新唐山崛起给人们的启示》等灾害社会学、地震社会学书籍的写作。

因此也可以说,《废墟上拓荒的学者》既是一部散文作家写学者的书,同时也是一部学者写学者的书。

(原载2016年第4期《河北作家》,文/李九燕)

无愧天地与良知

——简评人物传记《废墟上拓荒的学者》

在某种程度上，抛开战争之类的人为灾难，人类的进化发展史就是一部与大自然产生的灾难不断抗争的历史。以我国当代为例，1978 年 7 月 28 日发生于河北省唐山市的 7.8 级地震，即是一场巨大的浩劫，对人民群众生命财产、社会生活造成了无可弥补的巨大损失，成为中华民族永久的伤痛。

40 年来，国内与地震相关的论著不在少数。河北知名学者、散文作家程才实独辟蹊径，通过为命运与震灾紧紧相连的中国灾害社会学、地震社会学奠基人王子平先生写文立传的方式，立体化地向读者介绍了其“云山起翰墨，星斗换文章”的绚丽人生，从而在同类书籍中一枝独秀，令人读来不知不觉间掩卷佩叹。这本传记，就是河北教育出版社于 2016 年 6 月出版的《废墟上拓荒的学者》（以下简称《学者》）。

作为长期工作在城建部门的学者型作家，程才实不仅文笔精妙，而且人生阅历颇丰，他选择王子平作为叙述对象，决非仅仅出于与王子平共饮滦河水之乡情，更非为写而写、因文作文，诚如他在书中所言：“（唐山）大地震用毁灭、鲜血、死亡告诫人类,对大自然不可、不要、不能心存轻慢,人们首先和必须要做的是对大自然要恭敬、畏惧、收敛。”此番真知灼见,不论时光如何流转皆属不变之真理。故此,他方能与王子平这位我国第一部研究地震社会学理论专著——《地震社会学初探》第一作者、《灾害社会学》作者一脉相承、惺惺相惜。

值得一提的是,程才实也是唐山大地震的受难者与亲历者,他无法忘记那段痛彻肺腑的经历,他必须要用作家的激情、学者的睿智,为研究、防御地震灾害,为子孙后世免遭自然灾害剧痛而默默奉献才智的专家鼓与呼。这就是他写作洋洋26万字《学者》一书的初心。

《学者》是一部厚重感很强的传记,是一部对读者具有“温情敬意”的传记。主人公王子平具有两个身份:其一,唐山大地震的受害者、亲历者兼幸存者;其二,知识分子。前者特有的情怀和后者可贵的良知,使他义无反顾地走上了灾害社会学和地震社会学研究之路,且成为国内这两个学科的奠基人。通过阅读《学者》不难发现,程才实是用满腔热情甚至敬仰之情来书写王子平先生人生经历的,他既翔实地讲述了20世纪80年代中期王子平主持编纂在地震灾害领域具有划时代意义的《瞬间与十年——唐山地震始末》一书曲折的出版过程,又专门讲述了王子平通过2008年汶川地震时轰动一时的冯翔自杀事件，从情感层面探究灾后物质救灾与精神救援、物质世界重建与精神世界重建如何结合这一课题的经过。

这几个章节是《学者》全书的点睛之笔，不仅使读者感受到王子平是一位卓尔不群、具有我国传统优秀知识分子舍身成仁、君子怀德、勇于担当性情的学者，也是一位充满人文情怀、可亲、可爱的学者，丰富了王子平的内心世界，从而使他更加有血有肉、真实可信，当然深深地打动了读者的心。感人是《学者》最大的特色。

《学者》的成功之处还在于有所侧重地叙述了王子平对于自然与人之间关系的认知，构成了本书的一大显著特色。“我们只有科学处理好人与自然的关系，才能将灾害降低到最低限度，否则势必遭到惩罚……”这是王子平在其著作《灾害社会学》一书中振聋发聩的观点，现已成为所有有识之士的共识。从这一点来说，作为《学者》的作者，程才实亦是一位颇有见地的学者型作家。

程才实笔下的王子平不仅为我国灾害社会学、地震社会学作出了突出贡献，而且在农村改革发展上亦有显著功绩。程才实用简洁但不失深度的文字讲述了王子平深入安徽凤阳调研，并且为影响深远的《乡村三十年——凤阳农村社会经济发展实录(1949—1983)》一书出版作出贡献的经过，其任劳任怨、以学为先的品德跃然于纸上。这理所当然不失为本书打动读者的另外一个亮点。

《学者》不仅做到了以情动人，而且通篇语言平实，风格稳健，叙事冷静，既有新闻体的客观，又不乏文学作品的深邃——有人，有事，有情，有议；同时，也称得上一部普及相关地震学、社会学知识的读本。

出于对社会、对历史、对自然的责任、使命、敬畏，勤勉做人、严谨谋事，下笔成文、落字成金，程才实与王子平实在有着太多的共同之处。就这一点而言，他们均是当下浮躁世情中难得的、无愧天地与良知之人。

（原载 2016 年 9 月 3 日《燕赵都市报》，文 / 丁爱敏）

十年一记

一、地震10周年

在震撼世界的唐山大地震10周年的今天，我们建设职工用自己的双手和汗水，在冀东大地上建成了一座规模宏大的现代化城市——新唐山。这是多么振奋人心的喜讯，这是建设职工的丰功伟绩，我们向全体参加震后重建唐山的英雄们致敬！

《喜看唐山展新貌》向我们介绍了震后唐山的重建情况，表达了唐山人民对党中央、国务院，对河北省委、省政府，对全国人民的感激之情和为四化多作贡献的雄心壮志，读了令人振奋！

这里告诉我们一个真理：在党的领导下，我们建设职工任何人间奇迹都能创造出来。自豪吧，伟大的建设者！

——《喜看唐山展新貌——记唐山地震十周年恢复建设取得伟大胜利》"编者按"，1986年第2期《中国建设文摘》

二、地震20周年

20年前，当大地震毁掉一座城市的时候，一家外国通讯社说道："唐山永远从地球上消失了。"20年后的今天，美丽的新唐山被人们赞叹为世界东方的奇迹！

回想那一场灾难，我们仍心有余悸；而面对今天的新城，我们不禁豪情满怀！10年完成重建工作，10年发展再创辉煌，新唐山无疑是中国人坚强的意志力和伟大的创造力的证明，是建设者们奋斗与智慧的写照，是我国城市建设的一座里程碑。

说它是奇迹，那它已经出现了；说它是神话，也已经用事实写在了大地上，就请你去阅读吧！本报今天开辟"废墟中站起新唐山"栏目，刊登崛起篇、往事篇、奋斗篇、成就篇和一组图片，向大家介绍唐山大地震的情况和唐山重建的过程与成就。让我们再一次瞩目这一片土地，唐山给予我们的启示和力量，将激励我们为建设自己的城市和家园作出不尽的努力。

——《惊天动地二十年》"开篇的话"，1996年7月19日《中国市容报》

三、地震30周年

唐山，因市区中部大城山（原名唐山）而得名，是这个古老国家的近代工业发祥地之一，关于它的历史，有漫长的故事可以讲述。不过，人们往往只记得历史中那惊动人心的一部分——1976年7月28日凌晨，唐山发生里氏7.8级大地震。顷刻间天崩地裂，百年城市夷为墟土。

……

伟大的故事往往以悲剧作为开端。大地震摧毁了一个旧唐山，客观上也给了人们一次新的选择机会，一个在废墟上建设理想中的新唐山的机遇。无论何时何地，人类都不会放弃对未来美好生活的追求。灾难成为了创造新事物的动力，人们表现出罕见的韧性与勇气，书写了一连串伟大的城市传奇（见42版《唐山重建记》）。

——《唐山重建记》导读，2006年7月31日《经济观察报》

四、地震40周年

据《唐山市志》记载，在党中央、国务院和河北省的支持下，解放军基建工程兵、铁道兵和河北省各地市，以及省属、部属建筑企业，陆续来到唐山支援建设。

从震后至1986年末，外地援唐单位总人数达11万多人，竣工房屋建筑面积1 056万平方米，占唐山市恢复建设竣工面积的50.9%。

“这意味着，如果没有这些援唐施工队伍的支援，完成重建的时间，要推迟10年左右”。1980年毕业到唐山市建设系统工作的程才实，亲眼看着新唐山一天天地长大、长高。

至今让程才实激动不已的是，1990年，唐山市成为中国首个获“联合国人居奖”的城市，“当时我国推荐了9个城市和个人，包括一个直辖市，最后唐山胜出”。

……

震后，西方媒体曾一度断言，唐山将从地球上被“抹掉”。

——摘自《唐山四十年》文章，2016年7月22日《人民日报》

重建著述(名录)

一、独立著作

1. 城市建设问题研究——对唐山市城市建设的几点认识,天津人民出版社,1991年12月第1版

2. 唐山震后重建的哲学思考,天津人民出版社,1994年9月第1版

3. 废墟上拓荒的学者——中国灾害社会学、地震社会学奠基人王子平纪事,河北教育出版社,2016年6月第1版

二、参与著作

1. 唐山经济概况,河北人民出版社,1986年7月第1版

其中,第六章(基本建设)作者:程才实

2. 地震文化与社会发展——新唐山崛起给人们的启示,地震出版社,1996年7月第1版

其中,第十章至第十二章(顽强生长于废墟之上的简易城市、唐山城市十年重建面面观、新唐山城市建设的文化审

视)作者:程才实、陈非比

3. 唐山地震灾区社会恢复与社会问题研究,地震出版社,1997年12月第1版

其中,分论第十章(唐山重建过程中的经济与社会问题)作者:程才实、王子平、赖愈昌

4. 唐山市志,方志出版社,1999年11月第1版

其中,第四编(重建唐山)作者:王林、戚梦泰、程才实、刘光生、刘荫荣

5. 长城沿线城市,东方出版社,1990年8月第1版

其中,第一编(华北工业重镇唐山)作者:戚梦泰、程才实

6. 废墟上崛起的城市——唐山城市建设掠影,长城出版社,1991年2月第1版

其中,撰文作者:程才实

7. 唐山国土资源,天津人民出版社,1991年3月第1版

其中,第十章(城镇建设)作者:程才实

8. 市长与城市,中国建筑工业出版社,1992年12月第1版

其中,唐山市(工业重镇,新城新貌——恢复重建后的唐山)作者:戚梦泰、程才实

三、入书文稿

1. 改革，唐山建设事业前进的原动力，入选《激情浓墨话十年——党的十一届三中全会十周年征文选》，新华出版社，1988年12月第1版

2. 受灾城市重建优化对策 ，入选《城市科学：希望与未来》，中国建筑工业出版社，1992年3月

3. 新唐山的巨大建设成就和抗震防灾对策，入选《城市史研究》，天津古籍出版社，1993年8月第1版

4. 废墟上崛起的城市，入选《长城之歌》，中国建筑工业出版社，1996年11月第1版

5. 伟大的实践，入选《城市科学文集》，新华出版社，1998年8月第1版

6. 唐山为什么在瞬间毁灭？入选《防震减灾经验教训录》，地震出版社，2000年4月第1版

7. 岁月流过，我们依然记得，入选《唐山大地震亲历记》，团结出版社，2006年7月第1版

8. 废墟上走出的中国灾害社会学第一人——记我国灾害社会学、地震社会学奠基人王子平，入选《在废墟上崛起》，中国文史出版社2016年7月

四、报刊登载

1. 喜看唐山展新貌——记唐山地震十周年恢复建设取得伟大胜利(合写),中国建设文摘,1986 年第 2 期

2. 唐山市建筑业发展战略指导思想的思考(合写),开拓,1987 年第 2 期

3. 综合开发:城市建设的一种好形式——对唐山市建国路市场综合开发建设的调查,城市问题,1987 年第 4 期

4. 综合开发建设新唐山,中国城镇,1987 年第 10 期

5. 震后新唐山,唐山市志通讯,1988 年第 1 期

6. 唐山市城市基础设施建设综合分析及有关问题的建议,基建优化,1989 年第 5 期

7. 唐山震后简易房及建设意义,中国市容报, 1990 年 8 月 19 日

8. 不垮的唐山——写在唐山市获得联合国“人居荣誉奖”之际(合写),中国城市导报,1990 年 12 月 6 日

9. 废墟上崛起的城市——唐山,中国市容报, 1991 年 9 月 12 日

10. 重点解决主要矛盾,妥善解决次要矛盾——唐山震后重建的哲学思考,河北城市研究,1992 年第 4 期

11. 内因和外因共同作用是推动事物发展的最优化动力——唐山震后重建的哲学思考,唐山城市科学研究，1993年第1期

12. 人民的创造——唐山震后重建的回顾与思考,唐山劳动日报,1995年10月18日—1996年1月3日(连载)

13. 惊天动地的二十年,中国市容报,1996年7月19日

14. 唐山城市重建回顾,地震报，1996年11月1日—1997年2月1日(连载)

15. 唐山震后重建的哲学思考,河北城市规划，1997年第2期至第4期(连载)

16. 低级与高级 有利与不利——唐山震后重建两个哲学问题的思考,重庆建筑大学学报(社科版),2000年第3期

17. 唐山大地震24周年祭,重庆建筑大学学报(社科版),2001年第1期

18. 新唐山的"坐标"——唐山重建选址是怎样确定的?防灾博览,2002年第2期

19. 刻在石头上的故事,人民日报(海外版)，2003年12月16日

20. 唐山是怎样获得中国第一个联合国人居奖的？河北城市研究,2005年第4期

21. 唐山抗震纪念碑，人民日报（海外版），2006年2月20日

22. 唐山重建记，经济观察报，2006年7月31日

23. 唐山大地震后重建的历史启示，城市发展研究，2008年第3期

24. 汶川重建思唐山，城市与减灾，2008年第4期

25. 那一棵大树的阴凉——再记中国灾害社会学、地震社会学奠基人王子平，中国减灾，2014年12月下半月

26. 面对灾害，我们应更清醒一些——唐山大地震39周年一个建设工作者的片断思绪，中国建设报，2015年7月14日

27. 要把我们的城市建在安全岛上——关于城市与建筑选址的记述及启迪，中国建设报，2015年7月30日

28. 回眸震后之简易城市——那些“桥梁”承载了什么？中国建设报，2015年8月11日

29. 唐山荣获联合国人居奖纪事，城市与减灾，2016年第4期

30. 他还在路上，唐山文史，2016年第2期

31. 愿化此身酬平安——灾害社会学家王子平教授访谈录，中国减灾，2016年8月下半期、9月下半期

后记

刻在石头上的故事

——瞻仰唐山抗震纪念碑

一

冀东工业重镇唐山市,有一处占地5.4公顷苍松翠柏环绕的广场——抗震纪念碑广场。在那里,耸立着庄严肃穆巍峨雄伟的抗震纪念碑。吸引人们去瞻仰的,是刻在石头上的故事。

高达33米的唐山抗震纪念碑,碑身由4根花岗岩石料贴面的梯形碑柱组成。上端造型犹如伸向天际的4只巨手,寓意人定胜天。半腰镶嵌长方形不锈钢匾额,“唐山抗震纪念碑”7个镏金大字光泽熠熠。下部是四面8块紫褐色花岗岩浮雕,象征全国四面八方对唐山重建的支援。

按北(正)、东、南、西的顺序,4组浮雕是这样展现历史的——

北面:震灾发生时刻。这组浮雕为人类历史刻下了最惨痛的瞬间,人们酣睡之时,地震灾难突然降临唐山,摧毁了唐山人赖以生存的家园。瓦砾堆上,活下来的人顽强地站起来,开展自救、互救,与巨大的天灾抗争。

东面:协力抗震救灾。震后,10万名解放军指战员,全国近300个医疗队伍2万名医务人员,3万名工业、交通、邮电等方面的干部职工星夜奔驰,以最快的速度抵达灾区。通往唐山的道路上车轮滚滚,川流不息。

南面:恢复生产,重建家园。乌金滚滚,钢花飞溅,久负“中国近代工业摇篮”盛誉的唐山,铁路、煤炭、钢铁、陶瓷、电力全面恢复。新唐山建设的蓝图绘就,10万建筑大军奋战在施工现场,一座座楼房正在崛起。

西面:再生的新城。10年鏖战苦建震后家园,蓦然抬首喜见大好河山。社会主义新唐山屹立在世界东方,到处高楼林立,通衢如织,绿荫掩映,老人们怡然自得,孩子们翩翩起舞,一派生机勃勃欣欣向荣的美好景象。

二

抗震纪念碑主碑北侧,有一座宛如残垣断壁的废墟式建筑,这是抗震纪念碑副碑。副碑的正面镌刻着碑文,背面是唐山地震烈度分布图。凡去过抗震纪念碑广场的人,都会来到这座“废墟”前,默默地倾听黑色大理石如歌如泣的诉说——

唐山“不幸于一九七六年七月二十八日凌晨三时四十二分发生强烈地震……数秒之内，百年城市建设夷为墟土……”。“今日之唐山，如劫后再生之凤凰，奋翅于冀东之沃野”。“抚今追昔，倏忽十年，此间一砖一瓦一草一木都宣示着如斯真理：中国共产党英明伟大，社会主义制度无比优越，人民解放军忠贞可靠，自主命运之人民不可折服”。

世界地震史记载着这样的事实：1906年4月28日，美国旧金山被大地震摧毁，30年后才逐渐恢复生机。1923年9月1日，日本关东地区再次发生大地震，经过20年，东京、横滨两市才得以恢复。而遭受灭顶之灾的中国唐山，仅10周年即宣告重建基本完成。

那些刻在石头上的故事，不但让越来越多的中国人，而且让越来越多的外国人感动。抗震纪念碑主碑碑座的四方踏步均为4段，每段均为7步，共28步，意为地震日“7·28”这一难忘的时刻。人们走近主碑，必定要经过这一“时刻”。于是，感慨也就随之而来——

南斯拉夫的一个代表团留言：“我们非常敬佩你们的勇敢精神和知识才学，战胜自然灾害开始新的生活。”波兰的一个代表团留言：“我们以巨大的尊敬的态度，看待贵市人民重建城市所作的努力和取得的成就……这证明了伟大的中国人民的巨大创造力。”法兰西的一个代表团留言:“为受难者而建的纪念碑,对苦难的回顾总是震人心弦的;但是,以更快的速度、更大的规模、更高的水平重建家园的勇气,更感人肺腑。”

1990年,联合国颁发6项“人居荣誉奖”,中国的唐山榜上有名。联合国有位叫阿考特·拉马昌德兰的副秘书长,他虽然没有到过唐山,但这位聪明的博士读懂了唐山抗震纪念碑的意义。在宣布“人居荣誉奖”名单时,他动情地说,唐山是“科学而热忱地解决住房、基础设施和服务设施的杰出的典范”。

三

站在抗震纪念碑前,我想起一位已故的老人。他没有伟岸的身躯,却有着崇高的品格、博大的胸怀和非凡的“设计”能力。1978年9月,唐山地震废墟上响起这位老人浓重的川音。他说,建设新唐山要很好地规划,把美观、实用、节省统一起来。地震是个大灾难,也可以变成大好事,那就是建设新唐山。现代化的城市要很干净、整齐、节省;要合理布局,一环扣一环,便于自动化,便于运输;要解决好污染问题。新唐山的建筑,要美化一点,要异样多彩,不要千篇一律;要讲美学、心理学，要美化环境，使人们感到舒服……

他那轻轻的手势，蕴含着无比的力量。这位老人就是“中国人民的儿子”、中国改革开放的总设计师、时任中共中央副主席邓小平。地球围绕太阳公转了8圈之后，1986年6月30日，美国《新闻周刊》发表《从废墟中兴起的城市》。文章说：“唐山的新生证明了她的人民的复原力，以及证明了中国在邓小平改革政策指导下跨出的巨大步伐……这座重建的城市，在许多方面体现了中国雄心勃勃的现代化目标。”

站在抗震纪念碑前，我对我们伟大的人民充满了敬意。唐山重建的起点之“独特”，可以用一首打油诗和两个数字来表述。那首打油诗是：“登上凤凰山，低头看唐山，遍地简易房，砖头压油毡。”那两个数字是：在唐山市区2 000万平方米的“墟海”上，“生长”着35.1万间简易住房。震毁一个旧唐山—建起一个简易唐山—拉走一个简易唐山—建设一个现代化唐山，这就是唐山毁灭与崛起的轨迹。

重建唐山，惊天动地。据说，光是设计人员绘制的图纸，就可装满10辆大卡车，还会压得吱吱作响。没有任何现成的经验借鉴，英雄的唐山人和全国人民一道，在地震的废墟上展示了人类智慧的巨大光芒。知恩的唐山人算过这样一笔账：震后10年重建，援唐建设大军盖起的房子，占新唐山的一半还多。是的，倘若没有外因的影响，唐山重建的浩大工程，还得走过10年的风雨路程呢。

来吧，朋友！去英雄的唐山，去抗震纪念碑广场，唐山抗震纪念碑会向你讲述，讲述神话般毁灭与崛起的故事；唐山抗震纪念碑会向你诉说，诉说人民坚强与伟大的力量。

（原载2003年12月16日《人民日报（海外版）》）